Marlene Toussaint
MATO-VERLAG

Seid nicht traurig, wir leben weiter

Mato-Verlag
Memmingen/Allgäu
Am Geisberg 6
87779 Trunkelsberg

Telefon/Fax: 08331 - 49 44 45

Internetadresse:
www.engel-bücher.de
www.mato-verlag.de

ISBN: 978-3-936795-57-8

Seid nicht traurig, wir leben weiter

Dieses Buch widme ich meiner geliebten Mutter, die am 9. Juni 2009 für immer nach Hause gegangen ist. Meine ewige Liebe begleitet sie genauso wie alle anderen lieben Menschen, die ich bereits verloren habe. Sie werden immer in meinem Herzen und meinen Gedanken weiterleben.

Die Jahre 2008 und 2009 waren Jahre des Abschieds für mich. Mehrere Menschen, die mir viel bedeutet haben, wurden von Gott nach Hause gerufen. Mein Onkel Albert, der Bruder meiner Mutter, der ständig anrief, um sich nach ihrem Gesundheitszustand zu erkundigen, starb noch vor ihr am 27. Dezember 2008. Albert war ein Nachzügler und viel jünger als sie. Aber er machte sich schon kurz nach seinem Tod bei mir bemerkbar: Als ich an seinem Todestag in das Zimmer meiner Mutter im Pflegeheim kam, ging ständig die Nachttischlampe an und aus. Da wusste ich sofort, dass mein Onkel gestorben war.

Mein Cousin Michael verließ uns ganz jung, um auf die andere Seite zu gehen. Sein Vater – mein Onkel Kurt – ging ebenfalls und außerdem in jungen Jahren Monika, eine wunderbare Frau.

Am 9. Juni 2009 starb schließlich meine geliebte Mutter. Noch immer ist ihr Verlust für mich mit viel Traurigkeit verbunden. Natürlich weiß ich, dass es ihr sehr gut auf der anderen Seite geht. Es geht ihr sogar viel besser als hier. Aber ich kann sie nicht mehr in den Arm nehmen, sie nicht mehr anlächeln, drücken oder ihr etwas Nettes sagen. Es geht mir dabei genau wie allen meinen Lesern, die Trauer in sich tragen. Auch ich bin davor nicht geschützt. Ich bin ein Mensch wie jeder andere, auch wenn ich viele Jenseitskontakte habe. Aber ich weiß, die Liebe kann man niemals auslöschen. Ich bin ganz sicher, das Band der Liebe zwischen zwei Menschen kann man niemals trennen. Aber der Abschied tut weh. Es tut ja manchmal schon weh, wenn einer in den Urlaub fährt und der andere zurück bleibt. Da fließen Tränen auf beiden Seiten. Aber wir wissen, wir kommen wieder zusammen - nicht nur nach dem Urlaub. Das ist ein großer Trost. Für Sie, für mich, für uns alle.

Wieder haben meine Leser ein wunderschönes Buch mitgeschrieben. Es sind ihre Erlebnisse mit Verstorbenen, die wieder sehr viel Liebe und Trost bei anderen verbreiten können. Der Titel dieses Buches „Seid nicht traurig, wir leben weiter" findet seine Bestätigung in diesen vielen Berichten darüber, wie sich die Verstorbenen bemerkbar machen. Im Namen aller möchte ich mich für die Schilderung dieser schönen Erlebnisse bedanken. Denn in jedem Bericht kommt Liebe, Freude und der Glaube an das Wiedersehen auf der anderen Seite zum Ausdruck. Es tut uns allen gut zu wissen, dass es ein Leben nach dem Leben gibt!

Meine Mutter mit 35 Jahren

Mein Cousin Michael

Sterbehilfe ja oder nein?

Nie hätte ich über diese Thematik geschrieben, wäre ich nicht selbst betroffen gewesen. In diesem Kapitel möchte ich den Menschen, die vielleicht eines Tages vor der gleichen Entscheidung stehen wie ich, über meine Erfahrung mit dem Thema Sterbehilfe berichten. Immer wieder habe ich mich gefragt, ob ich meine schwerkranke Mutter weiterbehandeln lassen soll. Ich habe sehr viel Trost durch die lieben Briefe vieler Leser erfahren. Jetzt möchte ich euch alle daran teilhaben lassen, damit ihr seht, dass es in dieser kalten Welt noch sehr viele Menschen gibt, die einem Trost, Liebe und gute Worte schenken. Menschlichkeit gibt es tatsächlich noch. Vor allem aber ist es etwas Besonderes, wenn Menschen, die meine Mama gar nicht kannten, sie in ihre Gebete einschließen. Auch ich habe nun gelernt, dass man sich nicht in seiner Trauer einschließen und abkapseln soll. Man muss reden, schreiben und unter Menschen gehen, die Gleiches erlebt haben.

Der 14. Juni 2008 war einer der schlimmsten Tage meines Lebens: An diesem Samstagmorgen fand ich meine Mutter leblos in ihrem Bett. Sofort rief ich einen Krankenwagen, aber mein Gefühl sagte mir, wenn da überhaupt noch etwas zu machen ist, nur noch durch die Kraft der Gebete und mit der Hilfe des Himmels. Als ausgebildete Heilpraktikerin wusste ich, dass es sehr schlecht um meine Mama stand. Ich bedrängte den Notarzt „Man muss ein CT machen." Das hatte ich schon Tage vorher auch dem Hausarzt gesagt. Außerdem hatte ich mit einem Facharzt telefoniert, aber die Helferin verwies mich wieder zurück an den Hausarzt. Es war ein Teufelskreis. Ich wusste tief in meiner Seele, meine Mama war in Gefahr, ich rannte von Arzt zu Arzt und immer wieder stieß ich auf Hindernisse. Es sollte einfach nicht sein, dass ihr geholfen wird. Nur einen Tag vor ihrer Einlieferung ins Krankenhaus war der Hausarzt noch bei ihr und attestierte ihr beste Blutdruckwerte und gute Gesundheit. Ich bat ihn damals inständig, ihr eine Infusion zu legen, ich wäre auch bereit, für die Kosten selbst aufzukommen. Ich hatte sogar vorher in seiner Praxis angerufen und über die Helferin gebeten, dass er eine Infusion mitbringt, weil meine Mutter in den letzten Tagen zeitweise etwas verwirrt sei. Aber die Helferin erzählte mir etwas von einer beginnenden Demenz. Und ein CT war scheinbar für meine Mutter, eine alte Frau, zu teuer. Die Ärzte müssen ja sparen! Ich sagte schließlich zum Arzt, er bräuchte nicht einmal wiederkommen, ich würde die Infusion selbst entfernen, wenn die Flasche durchgelaufen ist. Doch er meinte, eine Infusion bringe gar nichts. Meine Mutter würde sich höchstens für die nächsten zwei Wochen ein wenig besser fühlen, dann sei ihr Zustand wieder genauso wie vorher. Er nahm ihr jedoch Blut ab und versprach mir, eine Woche später wieder nach ihr zu sehen. Aber so weit kam es nicht mehr, denn am nächsten Tag war sie bereits in der Klinik.

Ich packte an diesem Samstag ihre Sachen zusammen und begleitete meine Mutter im Krankenwagen in die Klinik. Auch dem diensthabenden Arzt sagte ich, „Sie müssen ein CT machen!". Und tatsächlich wurde nun meine Mama sofort in die Röntgenabteilung geschoben, um diese Computertomographie zu machen. Ich wartete mit Tränen in den Augen. Dann kam der Arzt zu mir und sagte: „Es sieht nicht gut aus, Ihre Mutter hatte eine Hirnblutung." Das, was ich in meinem Unterbewusstsein längst gewusst hatte, war nun Wirklichkeit.

Ich musste sofort an ihre Worte denken: „Kind, wenn ich wieder ins Krankenhaus komme, werde ich das nicht überleben, denn wenn man mal 80 Jahre alt ist und kein Privatpatient, machen die nichts mehr für einen."

Der Arzt meinte, „Ihre Mutter kommt nun auf die Intensivstation und ich werde mit einem Kollegen reden, ob sich eine Operation lohnt." Meine Gedanken kreisten im Kopf. Bei einem jungen Menschen würde es sich sicherlich lohnen, aber bei meiner alten Mama? Muss sie nun sterben, weil sie alt ist? Ich möchte sie doch nicht verlieren, sie ist doch einer der Menschen, die mir am meisten gegeben haben und ich liebe sie über alles. Was wird nun werden? Ich fühlte mich furchtbar hilflos, glaubte auch nicht mehr an das Gute im Menschen. Ist es heute nur noch wichtig, jung, gesund und gut versichert zu sein?

Als ich so in meine Gedanken versunken und weinend im Vorraum der Intensivstation saß, kam eine Schwester vorbei. Ich wollte ihr die Kleider meiner Mutter geben, aber sie meinte: „Nehmen Sie die wieder mit, die werden wir nicht benötigen. Und hier habe ich den Schmuck, den Ihre Mutter anhatte, nehmen Sie den auch mit nach Hause. Wenn Sie möchten, können Sie für ein paar Minuten zu ihr, aber Sie müssen sich erst umziehen."

Als ich meine Mama dann so liegen sah, war ich total geschockt. Sie sah mehr tot als lebendig aus und ich fing an, zu Gott, der Mutter Maria und ihrem Schutzengel zu beten. Ich schrie innerlich fast zu ihnen, bitte, bitte, helft ihr! Meine Augen waren gefüllt mit Tränen. Doch dann fasste ich mich und zwang mich ruhig zu bleiben: „Bleib stark Marlene, denn so kannst du deiner Mama nicht helfen, sie braucht dich und deine Kraft, nicht deine Schwäche, denn schwach ist sie selbst." Obwohl sie im Koma lag, fing ich deshalb an, mit ihr zu reden. Als ich den Namen Franzi erwähnte, so hieß ihre Katze, konnte ich auf dem Monitor sehen, wie ihr Blutdruck und ihr Pulsschlag sofort anstiegen. Nun wusste ich, dass sie mich verstehen konnte. Ich redete dann nicht nur über die Katze, sondern sprach vor allem über ihre Genesung und dass sie wieder ganz gesund würde, auch wenn niemand daran glaubte, der sie so da liegen sah.

Am dritten Tag machte sie zum ersten Mal die Augen wieder auf und hob die linke Hand. Aber sie war nun rechtsseitig gelähmt und konnte nicht mehr sprechen. Der Arzt meinte: „Ihre Mutter kommt jetzt auf die Innere Station, Sie können gleich mitgehen, wenn Sie möchten. Aber bitte machen Sie sich keine großen Hoffnungen, denn Ihre Mutter wird bis an ihr Lebensende ein Pflegefall bleiben – wenn sie überhaupt überlebt." Er schlug mir vor, sofort nach einer geeigneten Pflegestelle zu suchen, denn falls sie nicht an der Hirnblutung sterbe, könnte ich die Pflege nicht ohne Hilfe schaffen, außerdem sei ich ja auch berufstätig.

Mein Bruder war in der Zwischenzeit ebenfalls angereist und wir warteten gemeinsam, bis unsere Mama verlegt wurde. Während die Schwester sie auf die andere Station brachte, hob sie die linke, noch gesunde Hand, um sich am Griff ihres Krankenbettes festzuhalten. Da dachte ich, langsam setzen die Reflexe wieder ein und es wird wieder alles gut, die Gebete haben geholfen. Beruhigt ging ich an diesem Tag nach Hause.

Aber trotzdem schlief ich in dieser Nacht furchtbar schlecht, ich war die ganze Zeit wach und wartete jeden Moment darauf, dass das Telefon klingelte und man mir sagen würde, dass meine Mama verstorben sei.

Als ich am nächsten Tag in die Klinik kam, bestätigten sich diese schlimmen Gedanken. Meine Mutter lag wieder im Koma und sah furchtbar aus. Die Ärztin meinte nur: „Es tut mir furchtbar leid, aber der Zustand Ihrer Mutter ist sehr kritisch, ich weiß nicht, ob sie überlebt, denn sie hat eine Lungenentzündung bekommen."

In der Zwischenzeit wurde ich zum Vormund meiner Mutter erklärt, da sie ja keine Entscheidungen mehr treffen konnte. Es war ein furchtbares Gefühl, aber innerhalb von 24 Stunden hatte ich die Unterlagen über die Vormundschaft in der Hand. In dem Zimmer lagen noch zwei andere Damen. Eine fragte „Wie alt ist denn Ihre Mama?" Als ich sagte „Sie ist 80 Jahre alt", meinte sie, „Dann ist sie ja das Küken im Zimmer, wir beide sind 88 und 89 Jahre alt." Als die Dame sah, wie traurig ich war, erzählte sie mir, dass sie vor sieben Jahren auch einen Schlaganfall gehabt hatte und genau so schlimm da lag, wie meine Mama. „Aber glauben Sie mir, junges Fräulein", sagte sie lächelnd, „ich hatte anschließend noch sieben schöne Jahre und möchte mein Leben auch weiterhin genießen, obwohl ich schon so alt bin." Das beruhigte mich ein wenig.

Keine Nacht ist in dieser Zeit vergangen, in der ich nicht die Mutter Gottes, Gott und alle Heiligen angefleht habe, meiner Mama zu helfen. Als ich das nächste Mal ins Krankenhaus kam und die Tür zu ihrem Zimmer öffnete, war sie nicht mehr da. Ich fiel beinahe in Ohnmacht, das war ein ganz schlechtes Zeichen. Ich ging zu der diensthabenden Ärztin, die sie betreut hatte, und erfuhr, dass man sie verlegt hatte, sie würde jetzt von einem Kollegen betreut. Sofort war mir klar, dass meine Mama jetzt in einem Sterbezimmer lag. Das sind meistens die letzten Zimmer am Ende des Flurs. Das wusste ich noch von der Zeit, als ich im Klinikum gearbeitet habe. Und ich fand meine Befürchtung bestätigt. Meine Mutter lag mit einer anderen Frau in diesem Sterbezimmer. Sie war im Koma, die andere Dame sah aus, als wäre ihr Körper nicht mehr in der Lage, lange am Leben zu bleiben. Ihre Augen wirkten riesig in ihrem winzigen Gesicht und sie sah aus wie ein Skelett. Sie wog höchstens 40 Kilo und man ahnte, dass sie bald sterben würde. Man hatte also die beiden Todeskandidaten zusammengelegt. Ich fing an zu weinen. Dann bemerkte ich, dass mir die Frau den Arm entgegenstreckte. Sofort ging ich zu ihr, nahm ihre Hand, vergaß meinen eigenen Schmerz und fing an, sie zu trösten. Mir wurde klar, dass ich diejenige war, die hier Trost spenden musste. Ich streichelte sie und sprach mit ihr. Sie verstand mich, konnte aber nicht antworten. Ich redete lange mit ihr und erzählte ihr von ihrem Schutzengel, der immer bei ihr ist und sie nie verlässt. „Sie sind nie alleine", sprach ich ihr Mut zu. Da strahlte sie mich an und machte einen sehr glücklichen Eindruck.

Als ich an diesem Abend nach Hause kam, wollte ich mich mit Menschen austauschen, die bereits in der gleichen Situation waren und meine Ängste und Sorgen deshalb sicher verstanden. Heute kann ich aus Überzeugung sagen, ich bin gegen Sterbehilfe, denn Gott hat mir erlaubt, noch ein sehr schönes Jahr mit meiner Mama zu verbringen. Bereits damals wusste meine Seele aber, dass es nur eine einmalige

Verlängerung war, die es nicht noch einmal geben würde.

Ich schrieb eine E-Mail:
Guten Abend, liebe Michaela,
ich kämpfe gerade um das Leben meiner Mama. Du weißt ja am besten, was das bedeutet. Meine Mama ist sehr krank und wird sicher ein Pflegefall bleiben. Sie kam mit einer Hirnblutung ins Krankenhaus und man wollte sie gleich sterben lassen. Ein junger Arzt sagte, eine Behandlung bringt nichts mehr, sie liegt im Koma und wir sollten sie am besten sterben lassen. Also Tod durch Verhungern! Ich habe darauf bestanden, dass man sie über eine Sonde ernährt. Diese wird morgen eingesetzt. Der Arzt meinte, es sei eine gefährliche Angelegenheit und ich müsse mit dem Schlimmsten rechnen.

Liebe Marlene,
wie geht es deiner Mama heute? Ich denke jeden Tag an euch und hoffe, du konntest ihr mit deinem Kampfgeist helfen. Jeden Tag schaue ich in mein Postfach, denn ich denke viel an euch und hoffe immer auf eine positive Nachricht von dir. Aber ich kann mir auch vorstellen, dass deine Gedanken jetzt ganz woanders sind und daher bitte ich dich, melde dich nur, wenn es deine Zeit mal zulässt. Ich bete für dich und deine Mama, ich drücke und umarme euch beide,
Michaela

Liebe Michaela,
heute war ich wieder bei meiner Mutter. Es geht ihr einigermaßen, aber sie liegt leider im Wachkoma. Gestern schlief sie die zwei Stunden, als ich dort war. Aber vorgestern habe ich sie massiert und sie hat sogar die Hand ausgestreckt, als ich gesagt habe,

jetzt massiere ich dir die Arme. Es ist furchtbar stressig für mich, sie so zu sehen und ganz viel Lauferei. Mein Tag beginnt ganz früh und endet in der Nacht. Dann habe ich noch ihre Katze Franzi zu versorgen. Ich liebe sie über alles, aber mein Freund macht Theater. Er will, dass sie sich nur in einem Raum aufhält und wir hatten deshalb einen Riesenkrach. Am besten wäre es, wenn ich die Katze verschenken würde, meinte er, denn er mag keine Katzen: „Du musst dich entscheiden, entweder die Katze, oder ich", sagte er sogar. Ich antwortete, dass er mich nicht vor diese Entscheidung stellen darf, denn ich würde mich für die Katze entscheiden, weil meine Mama gewollt hätte, dass ich mich um das Tier kümmere.

Liebe Marlene,
oh Gott, das tut mir furchtbar leid mit deiner Mama. Es ist schlimm, wenn man mit ansehen muss, wie ein geliebter Mensch leidet und man nicht helfen kann. Man würde alles tun, doch manchmal ist man einfach hilflos und muss Gott machen lassen. Er wird es zum Besten richten für euch alle. Sprich viel mit deiner Mama, sag ihr alles was dir auf dem Herzen liegt, sag ihr wie sehr du sie liebst und dass sie das Beste war, was dir in deinem Leben passiert ist. Ich habe das meiner Mama auch oft gesagt, aber heute denke ich, ich habe es noch viel zu wenig getan. Wenn ich ihr jetzt Blumen auf den Friedhof bringe, dann denke ich immer wieder: „Mensch, warum hast du ihr nicht früher öfter Blumen geschenkt, nicht immer nur zum Muttertag oder zum Geburtstag?" Man muss den Lebenden Blumen bringen und die Mamas sind etwas ganz Besonderes, vor allem, wenn man so liebevolle Mamas hat wie wir zwei.

Es liegt mir noch etwas am Herzen: Wenn es so weit ist und sie will ins Licht gehen, dann lass sie gehen, gib ihr die Erlaubnis. Du weißt doch selbst, welch schöne Sachen sie dort erwarten und dass sie auch danach immer bei dir ist. Doch trotzdem, die Hoffnung stirbt zuletzt und daran hält man sich auch. Auch ich habe das bis zur letzten Minute getan. Dass man dir nun in deiner jetzigen Situation Stress macht, finde ich ausgesprochen mies. Gerade jetzt, wo du psychisch total überdreht bist, müsste man eigentlich Stärke zeigen und zu dir halten. Streit ist das Letzte, was du jetzt gebrauchen kannst. Im Gegenteil, gerade in dieser Zeit brauchst du jemanden, der dir zur Seite steht und dir die Kraft gibt, die du jetzt so bitter brauchst. Schade, dass es immer wieder Menschen gibt, die das nicht verstehen.

Ich wünsche dir ganz viel Kraft und Zuversicht und wer weiß, vielleicht helfen dir deine lieben Engel. Ich denke übrigens jeden Tag an dich, weil ich weiß, wie traurig du dich nun fühlst, weil ich es selber mitgemacht habe.

Ein anderes Mal schrieb Michaela:
Liebe Marlene, es freut mich unheimlich, dass es deiner Mama wieder besser geht. Ich habe so oft an euch gedacht und immer (selbst im Urlaub) in meinem Postfach nachgeschaut, ob eine Nachricht von dir da ist. Aber ich wollte dich auch nicht ständig mit meiner Fragerei belästigen, denn ich weiß doch, wie viele Dinge du um die Ohren hast. Ich denke, einerseits wärst du sehr erleichtert, wenn deine Mama aus dem Koma erwacht, andererseits wirst du dann sicher hin und hergerissen sein mit deinen Gefühlen, ob ihr diese hilflose Situation gefällt. Aber ich bin mir sicher, du wirst das Richtige für sie tun. Wenn nicht du, wer dann?

Unser Urlaub war wunderbar, mir ging es noch nie körperlich und seelisch so gut. Keine Kopfschmerzen, keine Magenschmerzen, ich kannte dieses Gefühl schon lange nicht mehr. Es gab auch wieder schöne Augenblicke mit Jana. Du weißt ja, dass ich unter Flugangst leide. Es ist so extrem, dass ich mir Tabletten besorgen musste, um dem Flug wenigstens einigermaßen relaxt entgegen sehen zu können. Kurz bevor ich in den Flieger stieg, nahm ich die Tablette und ich muss sagen, es war ein sehr schöner Flug.

Am Abend vor unserem Heimflug nach Paderborn kam plötzlich Jana zu mir und sagte: „Ela, die Oma ist da und ich soll dir etwas ausrichten." Sie sagte: „Du wirst morgen beim Rückflug sehr tapfer sein müssen und sie wird danach unheimlich stolz auf dich sein. Du wirst oft denken, Hilfe, was passiert jetzt mit mir, doch es wird alles gut gehen. Der eigentliche Flug wird sehr ruhig verlaufen, doch bei der Landung wirst du fürchterliche Angst bekommen, doch ich, deine Mama, werde neben dir sitzen und du brauchst keine Angst zu haben, denn es wird euch nichts passieren." Kannst du dir vorstellen mit welchen Gefühlen ich in den Flieger gestiegen bin? Der Flug war ruhig und eigentlich entspannend. Aber die Landung war, wie meine verstorbene Mama vorausgesagt hatte, eine große Katastrophe. Die Maschine kam über Soest in Scherwinde und wurde hin und her geschaukelt. Viele Mitreisende griffen nach ihren Tüten und erbrachen sich, außerdem wurde es ganz plötzlich totenstill in der Maschine. Ich war am Ende meiner Kräfte und habe dann vor lauter Erleichterung geweint, als das Flugzeug endlich zur Landung aufsetzte. Die Flugbegleiterin kam zu mir und fragte mich nach meinem Befinden. Ich sagte ihr, dass dieser Flug mir nervlich ziemlich zugesetzt hatte. Daraufhin meinte sie, dass die Landung wirklich sehr, sehr unruhig *gewesen sei, weil die Thermik sehr unterschiedlich war, deshalb wurden wir so durchgerüttelt. Jana schaute mich nur an und nickte mir zu. Wir beide wussten es ja bereits, denn meine Mama hatte es uns genau so vorausgesagt. Muss ich dazu noch etwas sagen?*

Ich schrieb an meine Freundin Doro:
Gestern habe ich genau das erlebt, was meine Mama immer vorausgesagt hat: „Die Alten sind nichts mehr wert, die lässt man sogar sterben, um Geld zu sparen!" Gestern ging es meiner Mama furchtbar schlecht. Sie lag im Sterbezimmer mit einer anderen Frau zusammen. Ich suchte nach dem Arzt. Die junge Ärztin, die meine Mama vorher behandelt hatte, war nicht mehr zuständig. Da sie ins Sterbezimmer verlegt worden war, war nun ein anderer Arzt zuständig. Ich unterhielt mich mit ihm und er sagte: „Ich finde, wir sollten alle Indikationen bei Ihrer Mutter einstellen und sie sterben lassen. Denn sie hat nur eine geringe Chance, wieder gesund zu werden oder überhaupt wieder aufzuwachen. Ich fragte ihn: „Glauben Sie an Wunder?" Er schaute mich an und sagte: „Ja, es gibt schon Wunder, aber ich glaube nicht bei Ihrer Mutter, wir können froh sein, wenn sie den heutigen Tag überlebt, außerdem muss sie noch eine Operation hinter sich bringen, die nicht so einfach ist. Man muss eine Magensonde legen, das ist in ihrem Zustand eine gefährliche Operation!" Ich sagte: „Wenn auch Sie an Wunder glauben, dann werden Sie meine Mama weiterbehandeln und hoffen, dass bei ihr so ein Wunder eintritt." Wenig später bekam sie plötzlich wieder Antibiotika, um ihre Lungenentzündung zu bekämpfen. Ich bin mir sicher, hätte ich an diesem Tag nicht mit dem Arzt gesprochen, hätte sie diese Nacht nicht überlebt.

Als ich gestern bei meiner Mama war, ist etwas Sonderbares passiert. Ich begrüßte sie, und sagte zu ihr, dass ich am Sonntag Geburtstag habe und sie furchtbar vermisse. Sie müsse bei ihrer Heilung mitarbeiten, damit ich sie bald wieder mit nach Hause nehmen kann. Dann zählte ich alle Bekannten und Freunde auf, die bereits für sie angerufen haben und ihr liebe Grüße ausrichten ließen. Da überwältigten mich meine Gefühle und ich fing ganz plötzlich an zu weinen, denn es tat mir furchtbar weh, dass Mama nicht antworten konnte und ich sie so hilflos da liegen sah. Da nahm sie meine Hand, drückte sie und weinte mit mir. Auf der einen Seite war ich in diesem Moment furchtbar traurig, auf der anderen Seite aber doch sehr glücklich, denn nun wusste ich ganz sicher, dass sie mich immer verstanden hat und es keine Einbildung von mir war.

Gestern Mittag war ich, bevor ich zu meiner Mama und ihrer sterbenden Bettnachbarin ging, noch in einem Geschenkartikelgeschäft. Ich hatte vor, beiden Frauen einen Engel an ihr Bett zu stellen. Meiner Mama kaufte ich einen blauen und der todkranken Frau einen grünen Engel. Auf dem Weg zum Krankenhaus bat ich die Engel darum, mir ganz viel Energie zu übermitteln, denn ich wollte bei meiner Mama eine Heilung durchführen. Als ich den Raum betrat, hatte meine Mama die Augen geschlossen und zeigte keine Reaktion. Sie lag noch immer im Koma und das bereits seit zwei Wochen.

Ich packte die beiden Engel aus, sprach zuerst mit der sterbenden Frau und streichelte sie am Arm. Bei ihr wusste ich ganz spontan, da konnte man nicht mehr helfen. Aber sie war so glücklich, als ich ihr den Engel zeigte und sagte: „Der Engel wacht über dich und wird dich immer und überall hin begleiten." Sie strahlte mich an und streichelte meine Hand. Auch ich streichelte sie. Dann ging ich zu meiner Mama und betete ganz intensiv zu Gott, der Mutter Maria und den Engeln Raphael, Michael und Gabriel. Ich bat aus vollem Herzen um Heilung für meine Mama. Ganz plötzlich spürte ich ein Kribbeln und eine Hitze in meinen Händen, selbst meine Wirbelsäule vibrierte und wurde ganz heiß, ich hatte das Gefühl, als würde mein Rücken brennen. Meine Augen waren noch immer fest geschlossen während ich aufrichtig betete. Als ich mit der Heilung fertig war und mich für den Beistand und die Hilfe Gottes und seiner Helfer bedankt hatte, schaute ich wieder auf meine Mama. Nun konnte ich sehen, dass sie auf einmal ihre wunderschönen blauen Augen ganz weit geöffnet hatte und mich verwundert anschaute. Ich war so glücklich, dass ich weinen musste, und ich schickte meinen Dank nach oben.

Dann kamen die Ärzte zur Visite. Sie waren total erstaunt: „Ihre Mutter hat sich ja wunderbar und so schnell erholt." Ich wollte in dem Moment nicht sagen, dass sie ja nach ihren Aussagen schon längst tot sein müsste und von ihrer Seite bereits alle Hoffnung aufgegeben war. Aber ein Wunder war passiert, genau, wie ich es dem Arzt gesagt hatte. Vielleicht sollte ich den Ärzten mein neues Buch schenken, damit sie nicht so vorschnell Entscheidungen treffen, die man durch die Kraft der Gebete wieder zum Guten hätte lenken können.

Meine Mutter mit 75 Jahren

Der Lebensgefährte meiner Mutter im Alter
von 77 Jahren

Leserbriefe

Christa schrieb:

Hoffentlich geht es deiner Mama wieder besser. Ich denke sehr oft an euch und bete zu Gott, das er dir und deiner Mama viel Kraft gibt damit ihr das durchstehen könnt. Nun komme ich wieder mit einem Problem zu dir, wo du ja gerade jetzt genug Probleme hast.

Mein Papa hat sich von seiner neue Liebe, der Thaifrau getrennt. Leider, muss ich sagen, denn Pao ist mir sehr ans Herz gewachsen. Ich bedauere das sehr. Doch sie kann und will einfach mit meinem Vater nicht mehr zusammenleben, weil sie sonst kaputt geht, sagt sie. Mein Vater dagegen ruft sie ständig an und belästigt sie und will sie unbedingt wieder zurückhaben. Doch es ist scheinbar zu spät, ich habe keine Hoffnung mehr für diese Beziehung. Als ihm das auch klar war, hat er sich ganz schnell eine neue Herzensdame angelacht und ist mit ihr sogar sofort in den Urlaub gefahren. Die neue Frau gefällt mir aber überhaupt nicht. Sie spricht nur schlecht über alles und jeden. Auch lässt sie an ihrer Vorgängerin kein gutes Haar, das mag ich aber nicht, denn Pao war eine ganz liebe Seele und sie war auch immer gut zu uns. Aber das ist eine unendliche Geschichte. Wie gesagt, mein Vater hat sich ihr gegenüber wie kein Mensch benommen und sie will ihn nicht mehr. Sie möchte aber gerne mit uns Kindern und Enkelkindern weiterhin in Kontakt bleiben. Das freut mich sehr und wir werden uns in der nächsten Woche treffen. Gestern jedoch rief sie mich ganz unerwartet an und war sehr aufgeregt. Sie sagte zu mir, sie wüsste nicht, was sie machen sollte, denn meine verstorbene Mutter würde ihr ständig erscheinen. Meine Mama würde sie immer ganz lieb anschauen und lächeln, doch sie wüsste nicht, was sie von ihr will. Pao kannte meine Mama ja gar nicht, hat aber immer nur gut von ihr gesprochen und mir ständig versichert, welch eine gute Mutter ich doch hatte. Doch nun erscheint sie ihr ständig und will ihr etwas mitteilen. Sie ist nun traurig, weil sie die Botschaft nicht versteht.

Pao sagt immer, sie liebt mich wie ihr eigenes Kind, aber sie will niemals eine Mama für mich sein, nur eine gute Freundin. Sie sagt immer zu mir, dass ich eine wunderbare Mutter gehabt habe, die sie nie ersetzen könnte. Das ist doch schön, wenn man so liebe Worte über seine geliebte Mama hört. Nun hat sie mir anvertraut, dass meine Mutter ihr bereits seit längerer Zeit erscheint, und glaub mir, sie lügt nicht. Sie sagte mir, das meine Mama ganz plötzlich vor ihr gestanden hätte, und das mehrmals am Tag. Sie beschrieb sie mir ganz genau und sagte, dass meine Mutter nicht mit ihr gesprochen hätte, sondern sie immer nur lächelnd angesehen habe. Auch hätte sie keine Angst vor ihr gehabt, weil sie so viel Liebe ausstrahlte, alles an ihr sei positiv. Jedenfalls ist meine Mutter ihr täglich erschienen, nachdem sich Pao von meinem Vater getrennt hatte. Sie sagte zu mir, sie hätte immer zu meiner Mutter gesagt: „Bitte, sei nicht böse auf mich, aber ich kann mit deinem Mann nicht mehr zusammenleben." Doch meine Mama hat immer weiter gelächelt. Einmal als ich und die Kinder bei ihr zu Besuch waren, kam auch Mama und hat wieder lächelnd neben Pao gestanden.

Meine Schwester und ich waren heute bei Pao. Sie hat sich sehr gefreut, als sie uns wieder sah, und wir uns natürlich auch. Sie hat uns ihre neue Eigentumswohnung gezeigt und dann sind wir alle zum Eisessen gegangen.

Es war einfach schön heute mit Pao. Ich merkte heute noch mehr, wie sehr sie uns und besonders mir fehlt. Wir haben dann noch zusammen einen Bummel durch die wunderschöne Altstadt gemacht. Wir saßen lange am Brunnen und sie ging mit Tine in ein „Hello-Kitty" Geschäft. Tine hat gestrahlt, endlich mal wieder jemand, der sich nur mit ihr beschäftigte. Meine Mama wäre glücklich gewesen, wenn sie das gesehen hätte. Alle bekamen von Pao eine Kleinigkeit geschenkt. Ich weiß nicht, wie ich ihr danken soll. Doch sie sagte zu mir, dass wir sie so lieb in unsere Familie aufgenommen haben und dass es ihr eine Freude sei, sich zu bedanken. Wir haben lange über meinen Vater gesprochen und ich habe sie, genau wie du es vorgeschlagen hast, gebeten, es doch noch einmal mit ihm zu versuchen. Sie sagte, dass sie der anderen Frau das Glück nicht zerstören möchte und dass sie Angst hat, dass diese Frau sich dann vor lauter Kummer etwas antut. Außerdem glaubt sie nicht daran, dass mein Vater sich ändern wird. Es müsse sich aber viel ändern, wenn er sie wieder zurückhaben will. Wir haben alle beim Abschied geweint. Ich hätte nie gedacht, dass ich so viel für sie empfinde. Meine Schwester sagte das Gleiche.

Nun weiß ich nicht, was ich meinem Vater erzählen soll, wenn er übermorgen aus dem Urlaub zurückkommt. Ich könnte ihm ja sagen, was er unbedingt ändern muss, damit sie zurückkommt. Aber es tut mir jetzt schon von Herzen leid, wenn er sie dann doch wieder schlecht behandelt. Dann habe ich alles eingefädelt und ich bin am Ende schuld, wenn es Pao wieder schlecht ergeht. Er müsste natürlich auch sofort das Verhältnis zu dieser neuen Frau beenden. Allerdings kann ihm ja niemand versprechen, dass ihn dann Pao wirklich zurücknimmt. Dann steht er vielleicht wieder alleine da. Und ich möchte einfach nicht, dass er Pao noch einmal so weh tut. Verstehst du das? Andererseits weiß ich erst jetzt, was für eine Bereicherung diese Frau für unsere Familie war und noch immer ist.

Heute musste ich lachen, weil Pao zu mir sagte, dass sie meine Mama ja eigentlich nur vom Foto her kennt und dass sie erstaunt ist, dass gerade sie immer wieder zu ihr kommt, denn eigentlich würde sie auch gerne mal ihren verstorbenen Mann sehen, doch der lässt sich nicht bei ihr blicken.

Ich bin froh, dass ich mich bei dir ausquatschen kann und du mir mit deinen Ratschlägen hilfst. Es geht doch nichts über gute Freunde!

Ich antwortete Christa:
Mir war von Anfang an klar, dass deine Mama wollte, dass Pao wieder mit eurem Papa zusammen kommt, um euch zu entlasten. Ich habe auch gespürt, dass es dir nicht gut geht. Es wäre ja furchtbar, wenn Pao wieder mit ihm zusammen wäre und er sich nicht ändern würde. Aber ich glaube es fast nicht, denn sonst ginge deine Mama nicht zu Pao hin, sie spürt, wie dein Papa leidet. Aber Pao soll ihn noch ein wenig zappeln lassen, denn sonst ist der Schmerz nicht groß genug und die Besserung gleich wieder dahin. Es hat einen ganz bestimmten Grund, dass deine Mama will, dass Pao wieder zu euch zurückkommt. Dein Vater wäre dann sicher wie ausgewechselt. Ich habe das Gefühl, dass er furchtbar unglücklich über seine jetzige Situation ist. Die Frau, die nun an seiner Seite ist, will sich nur amüsieren, sie will keine Liebe, sondern nur Spaß. Das weiß deine Mama auf der anderen Seite. Er selbst wollte gar nicht in den Urlaub, dafür ist er eigentlich zu geizig, aber die Frau bestand darauf. Wenn er sie einmal heiraten sollte, wäre er

auch finanziell ruiniert. Das weiß auch deine Mama. Rede mit Pao, sie soll es noch einmal versuchen oder wenigstens ein Gespräch mit deinem Vater führen. Aber sag du ihm, was für die neue Beziehung mit Pao wichtig ist. Es wird dann besser klappen. Lass Tine doch deine Mama fragen, warum sie sich Pao immer wieder zeigt. Du wirst dann die Antwort erhalten. Die Kleine kann ja auch mit Verstorbenen kommunizieren.

Christa schrieb:
Ich hoffe auf ein kleines Wunder. Gestern Abend hat Tine vor dem Einschlafen gesagt, sie werde wieder mit Oma reden. Ich war ganz aufgeregt, weil ich ja eine Antwort auf so viele Fragen brauchte. Vielleicht würde es Tine gelingen, etwas mehr über ihre verstorbene Oma zu erfahren. Aber ich wollte das Kind nicht unter Druck setzen und fragte, warum sie mit meiner Mutter sprechen möchte und sie sagte: „Ich möchte halt einfach mal wieder mit Oma reden." Später berichtete sie mir, was ihre Omi zu ihr gesagt hat: „Oh mein Kind, da bist du ja endlich wieder, ich habe schon so lange auf dich gewartet." Tine hat sie dann wegen der neuen Frau und wegen Pao angesprochen. Meine Mutter möchte, dass mein Vater wieder mit der Thaifrau zusammenkommt, weil sie weiß, dass sie gut zu uns ist. Sie will uns helfen, dass es klappt.

Heute kam mein Vater dann nach einer Woche Funkstille wieder zu mir und er strahlte über das ganze Gesicht. Pao hätte für morgen Früh ein Treffen mit ihm vereinbart. Sie hat ihn zu sich nach Hause bestellt. Na, wenn das kein guter Anfang ist! Mein Mann und ich haben meinem Vater schwer ins Gewissen geredet. Ich habe ihm gesagt, er soll ihr einen großen Strauß roter Rosen mitbringen und sie zu einem Mittagessen in einem guten Restaurant einladen. Aber er soll sie auf keinen Fall drängen. Ich hoffe, er bekommt sie wieder. Ich bin heilfroh, dass er die andere Frau heute wieder heimgeschickt hat. Diese Frau mochte ich von Anfang an nicht, sie war zwar sehr freundlich zu uns, aber sie hatte etwas Kaltes an sich, was mich irgendwie stutzig machte. Tine mochte sie auch nicht.

Heute hat mein Vater mir dann erzählt, dass sie gesagt hätte, ich wäre ein Feldwebel (ich musste herzlich darüber lachen) und dass sie sofort nach ihrem Einzug in unser Haus die ganzen Sachen von Mama weggeben würde. Wer tot ist, sei tot und was weg ist, sei weg, waren ihre grausamen Worte. Es wäre ja lächerlich, dass ich mich nicht von Mamas Sachen trennen würde. Aber, liebe Marlene, so weit bin ich einfach noch nicht, ich muss ab und an wieder ihre Kleider aus dem Schrank holen und daran riechen, denn dann atme ich ihren Duft ein und sie ist mir wieder nah. Nun bete ich, dass morgen alles klappt und ich werde künftig auf meinen Vater aufpassen und ihm zur Seite stehen, damit er sie gut behandelt. Ich glaube, er hat nun auch genug gelitten und wird Pao dementsprechend gut behandeln. Wenn nicht, dann kommt der Feldwebel Christa.

Diese Frau war wirklich böse, das hat auch meine verstorbene Mama gespürt und sie hatte deshalb ihre Finger im Spiel. Es ist richtig, was du sagst, die auf der anderen Seite sind, nehmen noch immer an unserem Leben teil und können es auch beeinflussen. Was glaubt diese Frau eigentlich? Sie taucht auf und auf einmal soll mein Papa seine verstorbene Frau vergessen, weil sie sowieso nicht mehr wieder käme. Wie könnte man eine Frau vergessen, mit der man 45 Jahre zusammengelebt hat? Wie herzlos und gemein, das überhaupt zu verlangen! Sie meinte auch, wenn sie erst einmal bei ihm leben würde, dann würde gleich mal ein anderer Wind wehen. Als mein Vater den Enkelkindern etwas aus dem Urlaub mitbringen wollte, war sie übrigens total dagegen. Sie sagte, sie hätte keine Lust dazu, Geschenke für Kinder mitzubringen, die ihr nichts bedeuten.

Ich habe mit meinem Vater heute Abend geredet und ihm gesagt, dass die Frau will, dass er mit uns keinen Kontakt mehr hat. Und ich wollte auch das Geschenk nicht, das er mir mitgebracht hat. Ich könnte bereits ein Buch schreiben, was sie alles in der kurzen Zeit über unsere Familie losgelassen hat. Es tut zwar sehr weh, aber ich weiß, dass mein Gefühl mich nicht betrogen hat. Diese Frau ist gemein und verbittert und eifersüchtig auf meine verstorbene Mutter. Selbst über ihr Grab hat sie gelästert.

Ich wollte dir aber auch noch die gute Nachricht überbringen: Pao ist wieder mit meinem Papa zusammen! Wir sind alle so glücklich! Mama hat tatsächlich von der anderen Seite aus ihr Bestes gegeben. Pao sagt, seit dem Tag, seit dem sie wieder mit meinem Vater zusammen ist, ist Mama ihr nicht mehr erschienen. Pao und ich glauben, dass meine Mutter unbedingt wollte, dass sie wieder in unsere Familie kommt. Und Mama sei dann nur noch einmal gekommen, als wir alle bei Pao waren und zusammen ein Eis gegessen haben. Sie hat wieder gelächelt und genickt und dann war sie weg. Auch heute hat sie mir das mit Mama wieder erzählt und sie sagte immer wieder, dass es wahr sei. Pao ist ein grundehrlicher Mensch, der niemals jemanden belügen würde. Ich denke, Mama hat sie uns wieder an die Seite gestellt. Ich kann immer zu ihr kommen, wenn ich Sorgen habe und sie ist immer für uns alle da. Ich glaube, das war Mama wichtig.

Mein Vater ist wieder überglücklich mit seiner Pao, doch heute kam schon der nächste Schlag. Er will sie nach ihrem Glauben in Thailand heiraten. Das gab mir wieder einen Stich tief ins Herz. Mama ist doch erst 20 Monate tot, das tut schon weh genug. Ich bin ja froh, dass er sie wieder hat und ich mag sie wirklich sehr. Sie ist sehr gut zu uns Kindern und auch zu den Enkelkindern. Sie steht immer zu uns und wir können immer auf sie bauen, doch als ich gestern auf dem Friedhof eine Verwandte von unserer Familie traf, da war ich wieder so verunsichert. Die war sehr darüber aufgebracht, dass mein Vater sich „so eine" genommen hat und das wäre ja wohl furchtbar. Ich habe versucht, ihr zu erklären, welch wunderbarer Mensch Pao ist, doch sie hat nur gemein über sie geschimpft. Hört sich blöd an, aber nun bin ich wieder verunsichert. Pao war auf der Beerdigung meines Opas uns allen eine Stütze, hielt sich dezent zurück, war aber da, wenn man sie brauchte. Ich bin mir sicher, dass meine Mama sie gemocht hätte und sie glücklich darüber ist, dass wir so eine herzensgute Frau in unserer Mitte haben. Es verunsichert mich jedoch, wie andere über sie reden, das bringt mich ganz durcheinander. Ich weiß, Marlene, welche Antwort du mir nun gibst. Du hast ja Recht!

Geht es deiner Mama besser? Hast du sie zu Hause oder in einem Pflegeheim, macht sie Fortschritte? Ich wünsche es euch von ganzem Herzen. Jede Stunde ist wichtig, die du mit deiner Mutter verbringen kannst. Das merke ich erst heute.

Michaela schrieb:
Heute möchte ich dir von meiner Nichte berichten. Jana hat heute mit ihrer am Sonntag verstorbenen Urgroßmutter gesprochen. Bisher konnte sie nur meine Mutter sehen, doch seit gestern sieht sie auch

andere Verstorbene. *Für sie war das ganz normal, doch ich war echt erstaunt. Jana erzählte mir, sie hätte meine Mama besuchen wollen und plötzlich hätte meine Oma, also Janas Uroma, auch da gestanden. Sie hätte so gestrahlt und zu Jana gesagt: „Weißt du was, ich habe gar nicht bemerkt dass ich gestorben bin und ich wollte es zuerst gar nicht glauben und schau mal Jana, wie gesund meine Beine sind." Ich muss dazu sagen, dass meine Oma Kinderlähmung hatte und zeitlebens nur mit Schienen und Stöcken sich hatte fortbewegen können. Jana sagte, beide Beine seien wieder heil und die Uroma hätte ihr stolz gezeigt, wie sie jetzt laufen könnte. Außerdem sei sie viel jünger gewesen als vor ihrem Tod. Sie habe ihr auch sofort ihren Urgroßvater gezeigt, aber Jana sagte, den würde sie ja gar nicht kennen und er wäre ihr fremd gewesen. Meine Mama hätte auch strahlend dabei gestanden. Jana sagte mir später, dass sie diese Besuche bei den Verstorbenen sehr anstrengen würden und sie danach immer sehr müde sei. Ich habe ihr das nie erzählt, dass die Seelen auf der anderen Seite ein jüngeres Alter annehmen und habe auch nie zu ihr gesagt, dass die Menschen gesundheitlich wieder unversehrt sind. Woher weiß sie das nur alles? Sie hat ihrer Religionslehrerin erzählt, dass nun auch ihre Urgroßmutter tot sei und die ist eine sehr einfühlsame Lehrerin. Sie sagte zu ihr: „Oh je Kind, du hast schon wieder einen lieben Menschen verloren, wo du doch noch so nach deiner Oma jammerst." Jana sagte, sie wollte der Lehrerin zuerst alles sagen über ihre Begabung, doch sie hat sich dann doch nicht getraut, weil sie Angst hat, ausgelacht zu werden. Vielen, vielen Dank für deine Meinung und dass du dir die Zeit für mich genommen hast. Irgendwie sind wir seelenverwandt, ich hatte die gleiche Idee und bin der gleichen Meinung wie du.*

Aber nun erst einmal zu deiner Mama. Ich freue mich, dass diese Kämpferin wieder auf dem Weg der Besserung ist. Wer weiß, wo sie jetzt ohne dich wäre. Ja, ich verstehe dich, dass du traurig bist, weil du sie nun zwei Tage nicht besuchen darfst, weil du selbst krank geworden bist. Aber es ist besser so und die zwei Tage gehen vorüber und dann freut sie sich sicher um so mehr und du natürlich auch. Vielleicht kannst du ihr einen Brief zukommen lassen, den ihr jemand vom Pflegepersonal vorliest, das würde sie sicher freuen und man kann ja oft in Briefen noch mehr Gefühl zeigen und auch drüber reden. Da fällt mir gerade ein, ich hatte jahrlang eine wunderschöne Muttertagskarte für meine Mama, habe mich aber nie getraut ihr diese zu geben. Denn darin stand wahnsinnig viel Gefühlvolles und ich hatte Angst, sie könnte das wegen ihrer Krankheit falsch oder als Abschied verstehen. Doch am letzten Muttertag, den ich mit ihr zusammen feiern durfte, da habe ich ihr diese Karte dann doch gegeben. Sie hat leise geweint und auch heute noch steht diese Karte neben ihrem eingerahmten Foto.

Ich antwortete Michaela:
Meine Mama sagte immer zu mir: „Marlene, deine Briefe und Karten kann ich nicht lesen, weil sie immer so schön geschrieben sind, dass ich beim Lesen jedes Mal furchtbar weinen muss." Du glaubst gar nicht, wie schön deine Erlebnisse mit deiner Mama sind. Auch ich habe gestern beim Lesen ganz oft weinen müssen.

Ich wollte meine Mama aus dem Pflegeheim nach Hause holen, du hast ja deine Mama auch bis zu ihrem Tod gepflegt. Aber die Ärztin hat zu mir gesagt: „Wenn Sie Ihr Leben für Ihre Mama aufgeben wollen, können Sie das tun. Aber spätestens in sechs Monaten sind Sie so ausgelaugt, dass Sie ihr Haus nicht mehr verlassen können. Und wer weiß, ob sie wieder in so ein gutes Pflegeheim kommen kann. Sie ist ja ein Vollpflegefall. Man muss sie alle drei Stunden drehen."

Ich bin fast täglich bei meiner Mama, sie hätte es nicht besser treffen können. Es wird sehr viel für die älteren Leute geboten. Sie haben auch zwei Katerchen für die Heimbewohner gekauft. Diese flitzen von einem Zimmer zum anderen und geben den alten Menschen ganz viel Freude.

Cornelia schrieb:
Als ich dir geschrieben habe, wusste ich, dass es dir nicht gut geht.
Ich wünsche dir viel Kraft. Meine Eltern sind beide schon im Jenseits. Ich war eine Nachzüglerin. Meine Mama war bei meiner Geburt schon 42 Jahre alt. Sie ist vor acht Jahren gestorben. Mein Papa starb vor drei Jahren. Nun bin ich erst 38 Jahre und habe keine Eltern mehr. Allerdings habe ich noch zwei Brüder, die bei meiner Geburt schon 15 und 16 Jahre alt waren. Ich wurde in eine bereits bestehende Familie geboren und musste mir meinen Platz immer erkämpfen.

Ich wünsche dir in dieser Situation viel Kraft, Licht und Liebe und auch deiner Mama. Ich kann nachvollziehen, wie es dir wohl geht, ich habe meinen Vater nach einer langen Krebserkrankung verloren und weiß, was man da so durchmacht. Ich schicke deiner Mama Reiki, mit der Bitte, ihr Licht, Liebe und Heilung für ihren Körper, ihre Seele und ihren Geist zu bringen, zu ihrem allerhöchsten Wohle und bitte auch alle Engel um Hilfe. Denke immer daran, was Gott tut, das ist richtig, auch wenn wir es manchmal nicht verstehen können. Legen wir das Leben deiner Mama in seine Hände und er wird gewiss das Richtige tun.

Melde dich bitte wieder, wenn es deiner Mama wieder besser geht. Ich drücke dich ganz lieb und fest in dieser für dich schweren Zeit. Aber du weißt ja auch, dass unsere Engel uns helfen und umarmen. Ich bitte sie, auch dich ganz liebevoll zu umarmen und dir Trost und Hilfe zu spenden. Du weißt, liebste Marlene, dass du nie alleine bist!

Marianne schrieb:
Wollte nur ganz kurz wissen, ob sich der Zustand deiner Mutter schon verändert hat? Wie geht es denn dir? Schicke deiner Mama und auch dir jeden Tag so gut ich kann Reiki und bete auch für euch beide. Auch Gabi habe ich von deiner Mail informiert und sie betet auch mit für euch. Wir beide hoffen, dass alles wieder gut wird mit deiner Mama und schicken dir auch viel Kraft, Licht und Liebe! Gott und alle Engel schützen euch! Lass dich ganz herzlich drücken, auch von Gabi.

Simone schrieb:
Das mit deiner Mama tut mir unendlich leid. Es muss eine sehr schwere Zeit für dich sein. Natürlich freut es mich sehr, dass es scheinbar einen Weg der Besserung gibt. Ist deine Mama ansprechbar? Mein Vater hatte im November 2005 auch eine Hirnblutung und ich war zu diesem Zeitpunkt in Australien, es war ganz schlimm für mich. Es war kurz nach meinem 30. Geburtstag, zu diesem bekam ich eine riesengroße Torte, mit einem Kinderfoto von mir darauf, auf dem ich ungefähr zwei Jahre alt war. Mein Vater hat mir später erzählt, dass er, als es bei ihm um Leben und Tod ging, immer dieses Bild von mir vor Augen hatte. Das hat mich sehr berührt.

Michaela schrieb:

Deine Nachricht hat mich sehr, sehr traurig gemacht, denn ich weiß, wie du dich nun fühlst, einfach machtlos und hilflos. Ich kann es so gut verstehen, denn ich weiß, wie sehr du deine Mutter liebst, doch leider muss man sich irgendwann mit der schmerzenden Wahrheit vertraut machen, dass man einen geliebten Menschen gehen lassen muss. Was glaubst du, würde deine Mama eine Magensonde wollen? Wie würde sie entscheiden? Versuche dir das vor Augen zu halten. Ich weiß, es ist sehr schwer, aber möchtest du sie weiter leiden lassen? Natürlich versucht man, das Unausweichliche irgendwie aufzuhalten, doch du weißt auch, dass der Mensch gehen muss wenn seine Zeit abgelaufen ist.

Ich habe gestern Abend in dem Buch von Vicky Monroe etwas gelesen und das hat mir sehr viel gegeben. Und zwar ging es dort um einen Sohn, dessen Mutter im Sterben lag. Der Sohn wollte sie am liebsten bei sich behalten, doch er sagte zu seiner Mutter genau das, was auch ich zu meiner Mutter in der Sterbenacht gesagt habe: „Mutter geh, ich erlaube dir zu gehen." Das Medium Vicky ist übrigens eine ganz bekannte Seelenbotin in Amerika, sie hat dann Kontakt zu seiner verstorbenen Mutter aufgenommen und diese ließ Folgendes an ihren Sohn ausrichten: „Jim, deine Mutter dankt dir dafür, dass du sie hast gehen lassen. Sie sagt, du sollst keine Schuldgefühle mehr haben. Sie sagt: Du hast mich losgelassen, du hast meine Seele befreit, damit sie nach Hause fliegen konnte. Und jetzt bin ich jung und gesund und zu Hause. Ich hätte mir keinen liebevolleren Sohn als dich wünschen können. Du warst mein Engel! Es gibt keine Abschiede, es gibt nur eine Fortsetzung des Lebens auf eine andere Art. Und das war auch für mich ganz wichtig. Du hast das Selbstloseste für mich, deine sterbende Mutter getan. Es ist das Größte, was ein Mensch für einen anderen tun kann, du hast mir erlaubt zu gehen."

Marlene, glaub mir, mir haben diese Zeilen richtig gut getan. Denn ich habe meiner Mutter auch erlaubt zu gehen, obwohl es mir fast das Herz brach. Doch eigentlich brauche ich dir das alles nicht zu erzählen, denn du weißt das doch am besten. Horch tief in dich hinein und überlege, ob du das Richtige tust und frage dich, was hätte deine Mutter gewollt? Natürlich finde ich den Arzt auch sehr herzlos, doch das sind Ärzte, sie sagen dir einfach alles auf den Kopf zu, emotionslos und ohne Gefühl. Ich hoffe natürlich sehr, das du das Ruder noch einmal herumbiegen kannst und noch viel Zeit mit deiner Mutter verbringen darfst, doch wenn es anders sein soll, dann musst du das akzeptieren und keiner weiß besser als du, dass es ihr im Regenbogenland viel besser geht als hier. Ich bin in Gedanken bei euch und werde heute Abend euch zwei und besonders deine Mutter in mein Gebet einschließen. Doch, wie gesagt, wenn du merkst - und du merkst es, wenn sie gehen will - dann lass sie gehen. Gib ihr dann die Flügel, die sie braucht!

Andrea schrieb:
Ich werde gleich Lourdeswasser nehmen, eine Kerze anzünden und für deine Mama beten. Ich hoffe, ihr Zustand stabilisiert sich wieder!!!

Menschen in Pflegeheimen

In den Nachrichten werden Horrormeldungen verbreitet, wie schlecht es Menschen in Pflegeheimen geht. Dies war auch ein Grund, warum ich meine Mama niemals in einem solchen Heim unterbringen wollte. Selbst die Dame vom Medizinischen Dienst sagte bei der Beratung im Krankenhaus zu mir: „Am besten Sie nehmen Ihre Mutter mit nach Hause, denn im Pflegeheim schaut kein Mensch nach ihr. Sie können Ihre Mutter ruhig während ihrer Arbeitszeit einige Stunden alleine lassen." Ich war geschockt nach dieser Aussage. Mit meinem Bruder schaute ich mir fünf verschiedene Häuser an, wir wollten uns selbst davon überzeugen, wie es in den Pflegeheimen zuging. Bei vier Häusern waren wir geschockt. Die Leiterin eines Heimes hatte sogar mit der deutschen Sprache Probleme. Die alten Leutchen mussten auf dem Flur essen, dort standen nämlich die Tische, weil kein Speisesaal vorhanden war. In einem anderen Heim waren die Bewohner sehr verwahrlost und ungepflegt. Außerdem roch es sehr übel und unangenehm. Mit Tränen in den Augen verließ ich dieses Heim. Das letzte Pflegeheim, das wir uns ansahen, war nach einem Umbau gerade wieder neu eröffnet worden. Alles war schön, alles war neu und es hatte eine Atmosphäre zum Wohlfühlen. „Das ist es", sagten mein Bruder und ich wie aus einem Munde. Man hatte die Möglichkeit, die Wohnung nach den Bedürfnissen jedes Einzelnen auszusuchen. Für meine Mama suchte ich eine kleine Gemeinschaft aus, denn ich wusste, sie hasste Trubel und Lärm. Sie bekam ein sehr schönes, großes Einzelzimmer und man durfte auch eigene Möbel und seine Haustiere mitbringen. Jeden Tag ging ich meine Mama nach der Arbeit besuchen. So konnte ich jederzeit sehen, ob es ihr dort auch gut geht. Die Frauen, die in den

Pflegeheimen arbeiten, sind wirklich oft überlastet. Aber ich muss sagen, meine Mama wurde liebevoll betreut und alle waren sehr nett zu ihr. Es fehlte ihr an nichts, außer an der gewohnten häuslichen Umgebung. Aber es wäre einfach zu schwierig gewesen, meine Mama nach Hause zu holen. Sie hätte das Haus zum Beispiel nie mehr verlassen können, weil wir am Hang wohnen und es deshalb viele Stufen gibt. Im Pflegeheim konnte ich dagegen bei schönem Wetter viel mehr mit ihr unternehmen, da wir mit dem Rollstuhl in die Stadt laufen konnten.

Weniger schön war, dass ich mich fast ein Jahr mit der Krankenkasse meiner Mama herumstreiten musste. Sie war rechtsseitig gelähmt, aber die Krankenkasse wollte ihr zuerst keinen Rollstuhl zur Verfügung stellen, obwohl dieser vom Hausarzt verordnet worden war. Ich schrieb deswegen sogar an das Bayerische Staatsministerium. Danach wurde ein Gutachter eingeschaltet, der schließlich bestätigte, dass meine Mutter ganz dringend einen Rollstuhl benötigt. Dann wollte man ihr die Matratze wieder wegnehmen: Damit sie sich nicht wund liegt, hatte sie eine spezielle Matratze erhalten, die mit Luft gefüllt ist. Die Kasse sagte aber, diese stünde meiner Mutter nur zu, wenn sie bereits offene Stellen hätte, ansonsten würde man sie ihr wieder wegnehmen. Der Stress, den man Menschen mit kranken Angehörigen macht, ist unvorstellbar. So etwas kannte ich bisher nur aus dem Fernsehen. Ich war die ganze Zeit nur am kämpfen, streiten, rennen um das Recht für meine Mama. Oft fragte ich mich, wer eigentlich etwas für die armen Menschen macht, die keine Angehörigen mehr haben. Wer kämpft für die? Ich kann den Menschen in der gleichen Situation nur sagen: „Wehrt euch, schreibt an die Regierung, an die Presse, an den VdK, aber lasst euch nichts gefallen. Meine Mama hat 45

Jahre gearbeitet, war immer bei der gleichen Kasse versichert und kurz vor ihrem Tod hat man ihr sogar die Matratze wegnehmen wollen. Bei dieser Krankenkasse habe ich gekündigt und bin in eine andere gegangen, obwohl auch ich dort 35 Jahre lang versichert war. Aber den Namen darf man leider nicht nennen.

Phänomene

Meine Cousine schenkte mir zu meinem Geburtstag einen Anhänger mit dem Engel Gabriel. Ich hängte ihn mir sofort um meinen Hals und ich war sehr glücklich über das Geschenk. Eine halbe Stunde später schaute ich noch einmal auf den Engel und zu meinem Erstaunen sah ich nun genau unter dem Anhänger eine weiße Feder in meinem Pullover stecken. Sie steckte so drin, als hätte sie jemand zwei Mal mit dem Federkiel durchgefädelt. Das war ein sehr schönes Geburtstagserlebnis, obwohl der Tag ganz furchtbar war. Mein Freund und mein Bruder hatten sich an meinem Geburtstag gestritten. Es ging um die Katze. Ich wollte, dass mein Freund sie mitnimmt ins Pflegeheim zu meiner Mutter. Mein Freund aber sagte: „Das Katzenvieh kommt nicht in mein Auto!" Als ich zu weinen anfing, machte mein Bruder ihm Vorwürfe, dass doch heute mein Geburtstag sei und er mal eine Ausnahme machen könne. Deswegen gerieten sie in Streit.

Nun fahre ich immer mit meinem Katerchen auf dem Fahrrad ins Pflegeheim. Ganz genau so hatte ich es schon lange vorher immer geträumt. Ich habe damals den Traum nicht verstanden. Ich sah mich immer wieder im Traum mit unserem Katerchen im

Fahrradkorb in die Stadt fahren. Jetzt weiß ich, dass es genau so kommen sollte.

Bernadette B. schrieb:

Ich muss dir von drei weißen Tauben erzählen: Es war an einem sonnigen Märztag im Jahr 2003. Mit gemischten Gefühlen fuhr ich an diesem Nachmittag zu einem vereinbarten Termin. Mein Mann hatte sich von uns getrennt und deswegen ließ ich mich juristisch von einer Anwältin beraten. Sie hatte ihre Kanzlei etwa zehn Minuten von meinem Wohnort entfernt. Auf dem Weg dorthin gingen mir tausend Gedanken durch den Kopf: War meine Entscheidung richtig, eine Anwältin zu beauftragen? Gibt es nicht vielleicht doch eine bessere Lösung als eine Scheidung? Werden die beiden Kinder die Trennung gut verarbeiten? Wird unser zukünftiger Lebensweg glücklich weitergehen? Und so weiter. Ich betete ein kurzes Gebet und bat um ein Zeichen, dass ich die richtige Entscheidung getroffen hatte. Kurze Zeit später kam ich an der Anwaltskanzlei an und fand auch gleich einen Parkplatz. Als ich aus dem Auto ausstieg und auf die Eingangstür der Kanzlei zuging, saßen dort drei weiße Tauben. Jetzt wusste ich, es wird alles gut werden, denn weiße Tauben symbolisieren für mich Freiheit und Frieden.

Und noch ein wundervolles Geschenk: Es war ein kalter Januartag, an dem ich meinen 50. Geburtstag feierte. Meine Kaffeetafel war schön gedeckt und dekoriert und der Kaffee frisch aufgebrüht. Die Arbeit war getan und ich hatte noch ein paar Minuten Zeit, bis meine Gäste eintrafen. Also setzte ich mich noch ein wenig auf einen Stuhl, um mich etwas auszuruhen. Dabei ließ ich 50 Jahre meines Lebens in Gedanken vorüber ziehen. Schöne Erinnerungen hatte ich an meine Großmutter Rosa. Gerne denke ich daran zurück und manches Mal rollen auch ein paar Tränen, weil ich sie oft vermisse. So auch an diesem besonderen Tag. Ich wünschte mir so sehr, dass meine Großmutter und meine Engel doch bei mir wären. Ich wollte so gerne auch mit ihnen feiern. Doch da klingelte es schon und ich wurde aus meinen Gedanken gerissen. Als ich aufstand und mich umdrehte, lagen auf meinem Esszimmerschrank mindestens zehn weiße Federn. Mein Herz pochte heftig, als ich das sah, denn jetzt wusste ich, sie waren alle in meiner Nähe. Das war ein tolles Geschenk und für mich wurde es noch ein wundervoller Tag.

Wieder ein Gruß von oben: An einem sonnigen Märznachmittag spazierte ich durch meinen Garten und setzte mich auf einer Treppenstufe nieder. In Gedanken ließ ich das Gespräch meiner Scheidungsanwältin Revue passieren. Irgendwie fühlte ich mich in meinem Innern leer und traurig. Meine beiden Kinder liebe ich über alles und ich bin Gott dankbar, dass ich ihre Mutter sein darf. Aber trotzdem verspürte ich ein Gefühl der Einsamkeit. Plötzlich wiederholte sich ständig der Gedanke in mir: „Schau nach oben!" Als ich hoch in den blauen Himmel sah, entdeckte ich über mir ein riesiges Wolkenherz. Ich war sehr überrascht und spürte, wie meine Gelassenheit und Ruhe wieder zu mir zurückkehrten.
Bernadette

Eine Frau rief mich zu Hause an und als ich den Hörer in die Hand nahm, hörte ich sie bereits weinen. Auf die Frage, warum sie weint, berichtete sie mir von dem frühen Tod ihres geliebten Mannes. „Ich kann ihn einfach nicht vergessen, die Trauer hört scheinbar niemals auf", sagte sie. „Nun habe ich von Ihrem Buch erfahren, könnten Sie mir bitte ein Buch zuschicken?" Wir unterhielten uns noch eine ganze Weile und ich hatte das Gefühl, dass es ihr nach dem Gespräch bereits viel besser ging. Nach dem Telefonat ging ich sofort zu meinem Schrank, wo ich die Bücher gelagert habe. Ich öffnete die Schiebetüre und konnte kaum glauben, was ich sah. Genau auf dem Buch: „Erlebnisse mit Engeln und Verstorbenen" lag eine weiße Feder. Ich war selbst total gerührt und wusste in dem Moment, dass die Jenseitigen ihr die Heilung bringen würden. Ich erinnere mich noch genau, dass ich gesagt hatte, nachdem ich das Telefonat beendet hatte: „Bitte liebe Mutter Maria, lass die Frau, die so viel Leid erfahren hat, wieder glücklich werden."

In einem meiner Bücher habe ich über das Erlebnis mit einem Briefzusteller geschrieben, dessen Postauto sich verselbständigt hatte und den Berg hinunter in meine Thujahecke gerast war. Wir waren damals alle sehr glücklich, dass niemand zu Schaden gekommen war. An Weihnachten schenkte ich ihm das Buch: „Erlebnisse mit Engeln und Verstorbenen". Ein paar Monate später klingelte er bei mir an der Türe und sagte: „Darf ich kurz mit ihnen sprechen?" Er berichtete mir, dass kurz nachdem er das Buch von mir bekommen hat, sein Vater starb. „Ich bin so froh, dass ich vorher Ihr Buch gelesen hatte, denn es hat mir gezeigt, dass es den Tod ja gar nicht gibt", sagte er. „Dadurch konnte ich das Ganze viel besser verarbeiten." Und er erzählte weiter: „Aber bei der Beerdigung meines Vaters ist etwas ganz Sonderbares geschehen. Es war im Januar 2009, wir standen alle an seinem Grab und weinten um ihn. Es herrschten Minusgrade an diesem Tag und es lag hoher Schnee. Ganz plötzlich kam ein Schmetterling angeflogen und setzte sich auf die Hand meiner Frau. Wir waren alle total erstaunt. Wie konnte es sein, dass bei diesen Temperaturen ein Schmetterling herumfliegt und dann noch auf der Hand meiner Frau landet und da sitzen bleibt? Als wir nach Hause kamen, waren wir alle ganz gerührt und weinten vor Freude, und meine Frau sagte, kannst du dich noch an Simone in dem Engelbuch erinnern? Ich konnte mich genau daran erinnern, denn auch zu ihr ist auf der Zugspitze bei Minusgraden ein Schmetterling gekommen, als sie ihren Vater darum bat, ihr ein Zeichen zu geben. Ich bin mir ganz sicher, es war ein Zeichen von meinem Vater, denn von wo sollte bei diesen Temperaturen ein Schmetterling herkommen?"

Leserbriefe

Michaela schrieb:
Am Sonntag ist Mamas Todestag. Ich lasse eine Messe in der Kirche für sie lesen und habe ihr schon ein wunderschönes Rosengesteck gekauft. Ich weiß, dass ich am Sonntag wieder leide wie ein Hund. Ich spüre aber auch, dass meine Mama oft bei mir ist. Abends vor dem Fernseher, da spüre ich oft plötzlich einen kalten Luftzug. Es wiederholt sich jeden Abend. Ich muss dann später ein heißes Bad nehmen, weil ich eiskalt und durchgefroren bin. Meine Schwester sagt exakt das Gleiche. Jana sagte gestern, als der Nikolaus da war, dass Oma auch schon vorm warmen Ofen saß und uns lächelnd zusah. Ich habe manchmal das Gefühl, dass ich immer mehr so werde, wie meine Mama, nur muss ich dann aufpassen das mir das alles nicht zuviel wird. Mama hat sich nie beklagt, doch ich spüre schon manchmal, dass ich an meine Grenzen stoße.

Als wir dann am Sonntag in der Messe waren, stupste Jana mich während der Trauerfeier an und zeigte mir, wo meine Mutter in der Kirche sitzt. Wäre es nicht wunderschön, wenn noch mehr Menschen das so wie Jana wahrnehmen könnten? Wenn die Kleine mir davon berichtet, dann bin ich immer wieder glücklich und es beruhigt mich.

Es ist schon eigenartig Marlene, immer wenn du mir schreibst, dann erinnerst du dich daran, dass Mama mir gesagt hat, dass ich noch lange bei meinen Lieben bleiben kann. Nun ja, das hoffe ich doch, aber du sprichst mir aus der Seele. Kein Mensch außer dir weiß eigentlich, welch schreckliche Angst ich vor Krankheiten und dem Dahinsiechen habe. Du beruhigst mich dann immer wieder im richtigen Moment. Ich frage mich oft verwundert, wie du darauf kommst und woher du von meinen inneren Ängsten weißt. Seit Mamas Tod wurde es bei mir so schlimm mit den Ängsten. Ich glaube, es war der Schock, als meine Mama starb, denn vorher hatte ich das nicht. Nun denke ich bei jeder Kleinigkeit, ich sei auch krank und werde von meinen Lieben getrennt. Das ist kein schöner Zustand.

Ich habe durch Zufall ein Medium kennen gelernt, die Frau wohnt bei uns im Ort. Sie kann auch schon seit ihrer Kindheit Verstorbene sehen und mit ihnen kommunizieren. Sie hat mich zu sich eingeladen, aber ich weiß noch nicht, ob ich hingehe. Ich denke, man geht zu einem Medium, weil man eigentlich nur eine Bestätigung braucht, dass man nicht verrückt ist oder dass man sich das alles nur einbildet. Man bekommt dann sicher auch wieder eine Antwort auf viele offene Fragen.

Ich kümmere mich im Moment sehr viel um meinen krebskranken Vetter und seine kleine Familie. Der Krebs hat mittlerweile seinen ganzen Körper befallen.

Es ist nur noch eine Frage der Zeit, bis er stirbt. Ich fahre hin, so oft ich kann und versorge die drei mit Lebensmitteln, denn die Finanzkrise macht derzeit vor keinem Halt. Ich gebe, was ich kann und ich bekomme so viel zurück, besonders an Dankbarkeit, dass es mich fast beschämt. Man gibt so wenig und bekommt so viel! Leider habe ich deshalb nicht mehr ganz soviel Zeit für meine vier kleinen Mäuschen. Aber ich versuche auch da, immer für alle gleich dazusein, doch jeder will seinen Teil Liebe und Zuwendung haben, für mich selbst bleibt da natürlich nicht mehr viel Zeit. Aber ich kümmere mich von Herzen gerne um die Kinder, sie sind das Wertvollste was ich habe und ich liebe sie von ganzem Herzen. Sie sind einfach mein Ausgleich.

Aber eigentlich wolle ich dir von Jana berichten. Leider sieht das kleine Mädchen immer mehr ihr unbekannte, verstorbene Menschen. Meistens abends vor dem Einschlafen. Als sie am Wochenende bei mir war, habe ich ein uraltes Fotoalbum meiner Großmutter mit ihr durchgeschaut. Du kannst dir sicher denken, dass sie auf einige Fotos zeigte und mir die verstorbenen Menschen zeigte, die immer zu ihr kommen. Ich habe ihr gesagt, sie soll für die Verstorbenen beten und ihnen sagen, dass sie Angst vor ihnen hat, weil es immer mehr werden und dass sie deshalb gehen sollen. Jana aber sagte: „Wenn es zu viele werden, dann ziehe ich mir die Bettdecke über den Kopf und mache ganz schnell die Augen zu." Jana sagt, sie spürt die Hände der Verstorbenen und wie sie ihr über den Kopf streicheln. Dann hat sie mir erzählt, das sie nun zum ersten Mal bei ihrer Oma in deren „neuem Zuhause" war (aber sie hat sich noch nicht ins Haus gewagt). Auf jeden Fall sagte Jana, dass meine Mutter einen wunderschönen Garten mit tausend blühenden Sommerblumen gehabt hätte und dass meine Mutter ihr gesagt hat, dass das Haus nebenan das Haus von Janas Urgroßmutter sei, also ihrer Mutter gehöre. Sie wären alle wieder zusammen.

Wochenlang sagte Jana nichts mehr zum Thema Verstorbene und ich habe sie auch nicht mehr gefragt. Aber heute Abend berichtete sie ganz plötzlich, dass meine Mutter wieder bei ihr war. Jana war im Reitstall und durfte zum ersten Mal alleine reiten. Plötzlich hätte meine Mutter die Zügel des Pferdes gehalten. Jana hat ihr dann leise gesagt: „Hey Oma, ich kann das schon alleine, du brauchst mir nicht zu helfen." Dann erzählte mir Jana, dass meine Mutter sich auch ein Pferd genommen habe und neben ihr hergeritten sei. Dabei wäre sie so glücklich gewesen. Ich sagte ihr, dass Oma gar nicht reiten konnte. „Doch", sagte Jana, „Oma ist tatsächlich neben mir hergeritten". Übrigens soll das Pferd, auf dem meine Mutter geritten ist, ein verstorbenes Pferd gewesen sein. Es sei erst vor kurzem eingeschläfert worden, sagte ihr die Oma. Irgendwie war ich überglücklich, dass ich endlich wieder von ihr gehört habe und weiß, dass es ihr und allen anderen, die ich liebe, gut geht.

Mir geht es allerdings nicht besonders gut. Ich war beim Arzt und der sagte nur lapidar: „Michaela, schau dich doch mal im Spiegel an, du siehst aus wie das blühende Leben, hast rote Wangen und sprühst vor Energie. Du hast nix, du siehst ganz gesund aus." Aber warum bilde ich mir immer ein, auch Krebs zu haben? Warum bekomme ich diesen Gedanken nicht aus dem Kopf? Vielleicht waren drei Todesfälle in zwei Jahren doch ein wenig zuviel für meine Psyche. Nun stirbt bald wieder ein Mitglied der Familie und ich habe versprochen, bei ihm zu sein, wenn es soweit ist. Aber langsam habe ich keine Kraft mehr, denn das belastet mich sehr. Ich wünsche mir immer, meine

Mama wäre noch an meiner Seite. Mit ihr war alles so viel einfacher und ich vermisse sie so sehr. Ich frage sie oft: „Mama, was soll ich tun, wie soll ich mich verhalten?" Und ich spüre dann, wie ich wieder Kraft bekomme Trotzdem stecke ich aber voller Angst. Ich versuche immer, es allen recht zu machen und selber werde ich vor Angst ganz krank. Wie geht es deiner Mama? Wir haben ja bald Weihnachten. Kommt sie bald nach Hause?

Meine Antwort:
Es ist ganz komisch. Ich bekomme immer wieder die Eingabe von oben, dass du Angst hast vor dem Tod und ich dir das unbedingt sagen muss. Deine Mama weiß das auch, deshalb sagte sie, du sollst dir keine Sorgen machen, du wirst noch lange mit deinen Lieben zusammen sein. Aber es ist ganz normal, wenn ein Mensch aus der Mitte gerissen wird, dass sich dann die Hinterbliebenen mit der Sterblichkeit und dem Tod beschäftigen. Mir ging es ebenso. Auf einmal, nachdem mein Vater gestorben war, war jedes kleine Anzeichen für mich ein Schritt vor dem Sterben. Immer dachte ich, nun bin ich die Nächste, zumal mein Papa ja ganz jung starb. Seit ich mich aber mit dem Sterben beschäftige, hat das aufgehört. Ich bekomme so viele Zeichen, dass es auf einer anderen Ebene weiter geht und zwar ohne Krankheiten, dass ich mir keine Gedanken mehr über das Sterben mache. Das Einzige, was mich beschäftigt, ist, wie manche Menschen ohne mich klar kommen sollen. Aber glaube mir, auch das wäre kein Problem, denn von der anderen Seite aus kann man noch ganz viel mithelfen, auch wenn diese Menschen unsichtbar sind. Die Liebe und Hilfe der Jenseitigen stirbt nie.

Das mit meiner Mama und dem Nachhausenehmen ist furchtbar schwer. Sie ist ja einseitig gelähmt und kann nicht mehr laufen. Ich müsste ein Auto haben, in dem Behinderte befördert werden könnten. Man müsste sie tragen und außerdem alle drei Stunden drehen. Ich könnte keine Nacht mehr schlafen. Außerdem müsste ich das Haus umbauen. Aber ich werde an Weihnachten bei meiner Mama sein. Sie machen sehr schöne Weihnachtsfeiern im Pflegeheim. Sie ist trotz allem weniger alleine, als die meisten anderen Menschen. Ich bin fast jeden Tag bei ihr. Man sagte mir sogar schon, ich käme zu oft ins Pflegeheim, so könnte sie sich niemals an ihre neue Umgebung gewöhnen.

Michaela schrieb:
Du hast ja vollkommen Recht, ich mache mir die Hölle selbst. Aber glaube mir, ich versuche ständig, dagegen anzukämpfen. Aber etwas anderes wollte ich dir noch erzählen. Jana hat am Samstag wieder bei mir übernachtet. Plötzlich sagte sie beim gemütlichen Fernsehabend zu meinem Mann und mir: „Da steht ein trauriger Engel. Es ist ein kleiner Junge, er heißt Sven, er liegt schon lange im Koma und weiß nicht, was er machen soll!" Marlene, ich war total geschockt. Doch Jana sagte mir auch, dass sie von dem Besuch des traurigen Engels schon vorher gewusst habe, denn meine Mutter hätte sie bereits vor Tagen auf seinen Besuch vorbereitet. Jana wusste nun nicht, was sie ihm raten sollte, sie war völlig aufgelöst und stammelte immer wieder, dass sie das alles nicht mehr will. Es sei ihr langsam alles zu viel. Ich habe sie in den Arm genommen und habe ihr gesagt, dass der traurige Engel ein Medium wie sie sucht, um sich mitzuteilen. Dann habe ich ihr erklärt, dass sie ihm sagen soll, dass er in das warme, helle Licht gehen soll. Nach einer Weile winkte sie dem Jungen zu und auch ich habe ihm gewunken und ihm für seine Reise alles Gute gewünscht.

Sigrid schrieb:

Vielen lieben Dank für die Medaillen. Ich habe mich sehr darüber gefreut.

Meine Mama sollte am Darm operiert werden. Ich war der Meinung, dass sie am 20. Februar 2009 ins Krankenhaus muss. Deshalb wollte ich mich einen Tag vorher noch von ihr verabschieden. Als ich in das Haus meiner Eltern kam, stand dort die Toilettentasche meiner Mama auf dem Küchentisch. Mein Vater kam in die Küche und sagte: „Schau mal, wir haben die Tasche vergessen!" Auf einmal war mir klar, dass meine Mama ja schon an diesem Tag im Krankenhaus war.

Ich hätte aber keine Zeit gehabt, sie dort noch vor der Operation zu besuchen, weil ich einer Freundin versprochen hatte, auf ihre Kinder aufzupassen. Ich wollte aber meiner Mama unbedingt die Medaille, die ich von dir habe, geben. Ich bin sicher, die geistige Welt hat mir dabei mitgeholfen, denn jetzt konnte ich sie ganz einfach in die Toilettentasche legen. Ich habe meine Mutter abends im Krankenhaus angerufen und ihr gesagt, dass sie unter Gottes Schutz steht. Die Operation ist gut gegangen und es ist kein Darmkrebs, wie wir befürchtet hatten! Heute ist sie zur Anschlussbehandlung für drei Wochen weggefahren und sie hat auch die Medaille mitgenommen.

Wenn ich mal wieder mehr mit mir im Einklang bin, was bei mir derzeit sehr schwer ist, möchte ich dir auch mal aus meinem Leben berichten. Von meinem Schicksal und den Gegebenheiten mit der Geistigen Welt.

Für heute sende ich dir Licht und Liebe,
Deine Sigrid

Helene W. schrieb:

Zuerst möchte ich sagen, dass ich sehr gläubig bin. Für mich sind seit vielen Jahren Gott und die Mutter Maria das Wichtigste in meinem Leben. Wichtiger als alle Dinge oder Personen. Deshalb vielen Dank für die Medaille der Gottesmutter, die Sie Ihren Büchern beilegen. Alles kommt immer im richtigen Moment und genau dann, wenn es erforderlich ist oder kommen soll. Ich sage das, weil ich von meiner Großmutter zu meiner Heiligen Kommunion die gleiche Medaille in Gold geschenkt bekam. Aber leider habe ich diese Medaille vor nicht allzu langer Zeit verloren. Jetzt habe ich sie Dank Ihnen wieder bekommen. Alles kommt zur rechten Zeit! Ich danke Ihnen herzlich dafür.

Alle von mir geliebten Verstorbenen nehmen von mir Abschied, genau zur Todesstunde. Meinen ersten Kontakt mit der Metaphysik hatte ich am 20. April 1988 erlebt. Dies ist das Sterbedatum von meinem geliebten Vater, mit dem ich nur über Gefühle und ohne Worte sprechen konnte. Wenn wir uns nur ansahen, wussten wir schon, wie es dem anderen ging. Ich flog im Februar nach Hildesheim, um mich von ihm nach einer langen Krankheit zu verabschieden. Dies war der 14. Februar 1988. Meine Schwester Juliane, die in der Nähe meiner Eltern wohnt, rief mich am 9. April an, um mir zu sagen, dass es Vati sehr schlecht ging und der Arzt ihm nur noch ein paar Stunden auf dieser Welt gegeben hatte. Ich sagte ihr, dass ich schon alles für den Flug nach Deutschland vorbereitet hatte und ich wüsste, dass unser Papa noch nicht sterben würde. Ich war mir ganz sicher, er würde auf mich warten. Ich sagte zu meiner Schwester, dass er entweder am 14. April oder am 20. April von uns gehen würde. Warum? Ich weiß es nicht.

Tatsächlich weckte mich mein Vater am 20. April genau um 7.21 Uhr aus dem Schlaf, indem er im Traum von mir Abschied nahm. Meine Schwester rief mich um 9 Uhr an und ich sagte ihr, was sie sehr erstaunte, dass unser Vater genau um 7.21 von uns gegangen sei. Die Uhrzeit stimmt, denn sie war bei ihm als er starb. Von da an stellte ich immer wieder fest, dass ich telepatisch mit Menschen verbunden bin. Daraufhin machte ich eine Ausbildung im Kartenlegen und in der Astrologie. Meine Trefferquote ist sehr hoch und viele Menschen kommen zu mir. Diese Gabe habe ich, wie mir meine Mutter sagte, von meiner Oma und von meiner Urgroßmutter geerbt.

Mein Vater kannte mein Haus nicht, er hatte nur die Hauspläne und das Grundstück gesehen. Nach seinem Tod habe ich meinen Vater oft auf der Couch an einem ganz bestimmten Platz gespürt. Komischerweise setzte sich niemand von meinen Freunden und Bekannten auf diesen Platz. Eines Abend als ich in mein Schlafzimmer kam, stand er direkt vor mir (ich sah ihn im Plasma). Ich sprach ganz normal mit ihm: „Vati, warum bist du denn hier oben?" Oft bekam ich im Traum von ihm auch Lösungen für Lebensprobleme. Fast immer bekomme ich Informationen von oben im Traum, oft auch beim Reden mit Freunden, mit der Familie oder mit Klienten. Dann geht bei mir komischerweise die Körpertemperatur extrem runter und ich sehe dann vor mir ein Bild oder einen Film. In diesen Momenten bin ich geistig voll da, nicht in Trance. Und ich gehe auch ganz natürlich mit diesen Dingen um.

Wenn ich etwas über mich selbst wissen will, kann ich mir ja nicht die Karten legen, weder Orakel, noch Tarot. Man ist dabei nicht objektiv genug. Dann mache ich immer folgendes: Ich fülle ein Glas mit

Wasser und mache eine Kerze an. Wenn das Kerzenwachs flüssig genug ist, schütte ich es ins Wasser. Dabei entsteht eine Figur. Ich brauche diese niemals deuten, denn sie ist jedes Mal sehr klar, es ist immer ein Engel mit großen, langen Flügeln und er hat etwas in den Armen. Einmal, als eine meiner Töchter schwanger war, hatte ich zum Beispiel gefragt, ob es ein Mädchen oder Junge wird. Der Engel hatte ein Mädchen auf dem Arm und meine Tochter bekam tatsächlich ein Mädchen.

Ich hatte seit 24 Jahren einen Freund, wir wohnten zwar nie zusammen, aber er war die große Liebe meines Lebens. Er war aber nicht der Vater meiner Kinder. Er starb am 14. Juli 2003 morgens um 9:14 Uhr an Lungenkrebs. Kurz zuvor rief er mich an und teilte mir mit, dass er sehr krank ist und er mich vor seinem Tod noch einmal sehen möchte. Gleich nach dem Telefonat besuchte ich ihn im Krankenhaus. Es war der 20. Juni und er sagte, dass er nur noch eine Woche zu leben habe. Ich antwortete ihm, dass er noch ein paar Wochen länger leben würde. Er hätte also noch genug Zeit, von allen Menschen, die ihm etwas bedeuten, Abschied zu nehmen. Von diesem Moment an hatte ich immer Tag und Nacht eine Kerze brennen. Am Abend vor seinem Tod steckte ich eine neue Kerze an. Am nächsten Morgen, als ich beim Frühstück saß, ging ganz plötzlich, ohne Grund, es gab keinen Luftzug und nichts, die Kerze aus. Alle Fenster waren geschlossen. Ich machte sie wieder an, aber sie erlosch erneut. In dem Moment wusste ich Bescheid. Ich sah zur Uhr, es war genau 9:14 Uhr. Kurze Zeit später erhielt ich einen Anruf aus dem Krankenhaus. Man teilte mir mit, dass mein Freund genau um 9:14 Uhr verstorben ist. Es war genau der Moment, als die Kerze ausging.

Meine Tante, war für mich wie eine zweite Mutter. Sie kam auch noch mit 83 Jahren mit dem Flieger nach Madrid. Immer stand ihr Bild bei mir, das ich vor Jahren in Segovia gemacht hatte. Sie starb im Mai 2003 mit fast 90 Jahren. Genau zum Zeitpunkt ihres Todes fiel plötzlich das Bild von ihr um. Die genaue Todesuhrzeit bestätigte mir dann mein Cousin.

Antonio war mein Exmann und Vater meiner fünf Kinder. Wie ich Ihnen ja schon telefonisch mitteilte, waren wir seit 1982 geschieden. Er starb sehr arm am 21. Januar 1996. Einmal träumte ich von ihm, als ich mich in Deutschland bei meiner Mutter befand. Ich sah ihn im Traum und er sagte zu mir: „Bitte komm nach Madrid, ich muss bald sterben!" Wir hatten aufgrund der vielen Probleme, die auch zur Trennung geführt hatten, keinen Kontakt mehr. Wir sprachen noch nicht einmal mehr miteinander. Aber trotzdem flog ich nach diesem Traum sofort nach Madrid. In der Nacht, als ich von ihm träumte, war er ins Koma gefallen, es war der 7. Januar.1996 und er starb 14 Tage später. Ich wurde nicht von seinem Tod benachrichtigt, aber ich hatte mir die entsprechenden Informationen selbst geholt. Ich ging dann zum Friedhof mit fünf Rosen und ich habe ihm am Grab verziehen. Groll und Nichtverzeihen sind eine Dummheit, denn sie schaden uns körperlich und seelisch. Oft träume ich von ihm und er gibt mir im Traum sogar Informationen und versucht mir zu helfen. Denn jetzt sind sein Hochmut und Groll dahin. Jetzt weiß er, was er seinen Kindern und mir angetan hat.

Meine Mutti wäre am 8. Oktober 2004 - 85 Jahre alt geworden. Sie hatte Lungenkrebs. Die ganze Familie war schon angereist, um ihren Geburtstag zu feiern. Aber ein paar Tage vorher, am 6. Oktober, erlitt sie einen sehr schweren Herzinfarkt. Sie kam auf die Intensivstation, aber wir konnten Tag und Nacht bei ihr sein. Sie hatte meinen Vater abgöttisch geliebt und sie war sehr gläubig. Auch hatte sie keine Angst vor dem Tod und betete jeden Abend zur Mutter Gottes. Sie lag dann im Tod wie ein Engel da, es sah aus, als ob sie lächelt. Fünf Stunden vor ihrem Tod sagte sie plötzlich „Mutti!". Ich fragte, ob jetzt Omi gekommen sei. Sie sagte: „Ja, meine Mutti ist jetzt bei mir." Ich fragte, „Mutti, wo ist denn der Vati?" Sie antwortete: „Ach, dein Vati ist schon seit einer Woche bei mir." Meine Mutter war geistig ganz klar und auf keinen Fall verwirrt. Sie sprach mit uns, machte Witze, sie war wie immer. Ich war über ihre Aussagen überhaupt nicht erstaunt, denn ich habe immer gewusst, dass sie eines Tages von meinem Vater und meiner Oma abgeholt werden würde. So war es dann auch. Am 9. Oktober 2004, einen Tag nach ihrem Geburtstag, ist sie friedlich eingeschlafen.

Jetzt bin ich ganz sicher, dass ich Mutti als meinen Schutzgeist bei mir habe. Oft bekomme ich von ihr Informationen im Traum. Ich kann meine Mama auch riechen und fühlen. Oft steht sie hinter mir und tippt leicht auf meine linke Schulter. Dann sage ich „Hallo Mutti." Für mich ist das mittlerweile ganz normal.

Ich habe einen Bekannten, der in der gleichen Branche arbeitet wie ich. Wir treffen uns immer auf Esoterischen Veranstaltungen. Er zeichnet den Schutzgeist, den man momentan hat und braucht, denn diese Seelen sind nicht immer die gleichen. Man hat immer den Schutzgeist, den man für bestimmte Dinge im Leben braucht. Ich musste diesem Freund immer etwas von mir geben, zum Beispiel einen Ring, dann setzte er sich mir gegenüber und malte diese Seele als Portrait. Zuerst war es mein Vater, dann mein Onkel, dann mein Freund und jetzt ist es meine Mutti.

Ich versuche zwar auch, meine Resultate wissenschaftlich zu überprüfen, zum Beispiel eine Sternkarte von einem Verstorbenen, aber es gibt halt auch Dinge, die wir nicht sehen. Davon bin ich überzeugt. Leider leben wir in einer sehr materialistischen Welt und die Leute glauben nur, dass ein Kilo Fleisch eine gute Suppe macht, wenn der Topf nicht zu groß ist! Humor muss auch sein. Man muss immer optimistisch sein. Ich sage zu meinen Lieben immer:

„PASS GUT AUF, WAS DU DENKST, DARAUS ENTSTEHT DEIN HANDELN UND DIESE HANDLUNGEN WERDEN ZUR ROUTINE UND DIESE ROUTINE IST DEIN SCHICKSAL."

Mein Vater war bereits ein paar Jahre tot. Ich war gerade von Madrid mit dem Auto nach Hause unterwegs. Plötzlich stellte ich fest, dass das Benzin langsam zur Neige ging. Ich musste also ganz dringend eine Tankstelle finden, damit ich nicht mitten auf der Straße stehen blieb. Aber alle Tankstellen waren geschlossen. Ich musste also einen Umweg fahren, um eine Tankstelle zu finden, die 24 Stunden geöffnet hatte. Ganz plötzlich, wie aus dem Nichts, tauchte da ein Geisterfahrer vor meinen Augen auf. Ich wusste im ersten Moment gar nicht, wie ich reagieren sollte. Plötzlich hörte ich ganz laut und deutlich die Stimme meines Vaters, die rief: „Helen, fahre sofort nach rechts!" Ich tat genau das, was mir mein Vater geraten hatte, riss das Lenkrad herum und kam sicher auf einem Feld zum stehen. Die Anweisung meines geliebten Vaters hatte mir also in dieser gefährlichen Situation das Leben gerettet. Ich *schaute auf die Beifahrerseite, wo die Stimme herkam, aber ich konnte meinen Vater nicht sehen, sondern nur hören. Später habe ich erfahren, dass der Geisterfahrer tot war. Er wollte sich das Leben nehmen und hätte um ein Haar mich mit in den Tod gerissen. Mein Vater hat mich rechtzeitig gewarnt und das zeigt mir, dass Menschen, die uns lieben, immer bei uns sind und uns auch in Notsituationen helfen. Meiner Schwester ist so etwas Ähnliches passiert.*

Nach dem Tod meiner Mutter hatte ich einen Traum. Meine Mutti hat früher immer einen hellblauen Übergangsmantel getragen. Ich träumte folgendes: Im Traum gingen wir beide in eine Wohnung. Mutti hatte genau diesen Mantel an und sie hatte ihren Stock dabei, denn sie litt unter Rheuma. Als wir ins Haus kamen, stand dort die ganze Familie. Mutti schaute mich an und sagte: „Schau mal an Helen, die sind zwar alle da, aber sie können mich nicht sehen, sie merken noch nicht einmal, dass ich jetzt hier bin!" Dann musste sie auf die Toilette. Ganz plötzlich sprang ihre Lieblingsenkelin auf und brachte meine Mutter ins Bad. Was soll das bedeuten? Ich nehme an, dass die Enkeltochter auch hellsichtig ist und Kontakt mit ihrer Oma hat. Aber nicht darüber reden möchte.

Sylvia schrieb:
Ich hoffe, dass es deiner Mama bald wieder besser geht, sie darf nur nicht aufhören zu kämpfen. Wenn du aber spürst, dass sie nicht mehr will, dann verabschiede dich von deiner Mama, auch wenn du es nicht wahr haben willst. Es tut ganz arg weh wenn man sich nicht verabschieden konnte! Meine Mama ist ganz plötzlich verstorben. Sie kam gerade von der Arbeit, hatte kurz zuvor noch eine Kollegin nach Hause gefahren. Sie ist dann noch etwa 100 Meter

weiter gefahren, hat dann angehalten, weil es ihr nicht gut ging, und sogar noch ein paar Jugendliche, die zufällig vorbei kamen, um Hilfe gebeten. Diese riefen sofort über Handy einen Rettungswagen. Es dauerte nicht lange, bis er kam, aber meine Mama war bereits ins Koma gefallen. Nur 15 Minuten später ist sie im Krankenhaus verstorben! Seitdem mache ich mir Vorwürfe, dass ich nicht da war und mich nicht verabschieden konnte. Noch heute, tut das furchtbar weh, wenn ich daran denke! Und schon fließen bei mir wieder die Tränen, der Schmerz hört einfach nicht auf! Ich habe meiner Mama einen Engel auf ihr Grab gestellt.

Ich hoffe, dass sich deine Mama wieder gut erholt und ihr noch viele Jahre zusammen verbringen könnt! Ich finde es gut, dass du im Krankenhaus nicht aufgegeben hast! Ich wünsche euch viel Kraft, um diese schlimme Zeit zu überstehen. Würde mich freuen, wenn du mir wieder schreibst.

Ich antwortete:
Liebe Sylvia, vielleicht sollte es passieren, dass wir wieder Kontakt bekommen. Oftmals dirigieren die Verstorbenen bestimmte Dinge von der anderen Seite aus. Sie bringen uns mit Menschen zusammen, die gut für uns sind und die uns helfen. Es ist sehr schlimm, wenn man einen Menschen verliert, den man liebt. Vor allem, wenn es die geliebte Mutter ist und man sich nicht verabschieden konnte. An dem Morgen, als ich meine Mama fand, hatte ich frei, aber ich wurde trotzdem um 6 Uhr wach. Da wollte ich eigentlich gleich zu ihr gehen. Sie wohnte eine Etage über mir. Dann beschloss ich aber, davor noch schnell meine Arbeit am PC zu machen. Aber genau an diesem Tag hatte ich Probleme mit dem Computer. Ich probierte alles aus, aber es funktionierte nichts. Ich

konnte keine Mails abrufen und ärgerte mich. Ich dachte immer wieder, „Ich muss zu meiner Mama", sagte mir aber auf der anderen Seite, sie schläft sicher noch und ich würde sie nur wecken. Sonst bin ich mit meiner Mama gedanklich immer verbunden, nur dieses Mal war es anders. Es sollte nicht sein. Das war für meine Mama und mich eine Lernaufgabe. Für mich zum Loslassen und für meine Mama, mich frei zu lassen, um meine Aufgabe hier auf dieser Welt zu erfüllen. Gerade als ich aufhörte, am PC herum zu basteln, kam der Briefzusteller mit einem Paket. So war ich wieder abgelenkt. Ich öffnete das Paket und schaute mir die gelieferte Ware an, alles verzögerte sich weiter. Obwohl ich im gleichen Haus mit meiner Mama wohnte, sollte es also nicht sein, dass ich sie so früh finde. Denn das war unser beider Lernaufgabe. Als ich sie dann später leblos in ihrem Bett fand, hatte ich das Gefühl, ich müsste sterben vor Schmerz. Aber ich habe für sie gekämpft, denn sie brauchte meine Hilfe.

Ich will dir damit sagen, sei bitte nicht traurig, dass du dich von deiner Mama nicht verabschieden konntest. Dich trifft keine Schuld. Gott hat so entschieden. Du kannst dich auch jetzt noch jeden Tag von deiner Mama verabschieden. Du kannst sie rufen und mit ihr reden. Du wirst sie spüren und deine Mama wird dich hören können. Deine Mama liebt dich. Bitte mach dir keine Vorwürfe. Du bist eine wunderbare Tochter und deine Mama ist ganz stolz auf dich. Ich umarme dich und wünsche dir viel Kraft!

Nicole N. schrieb:
Ich bin die Nachbarin und Freundin von Petra N. Ich möchte mich bei dir herzlich bedanken für die Mutter-Gottes-Anhänger, die du Petra für mich mitgeschickt hast. Mir und meiner Tochter Eva hat die Mutter

Gottes schon sehr viel geholfen. Vor einer Woche, am Freitag, 19. September, war meine Tochter Eva sehr krank. Sie hatte rasselnden Husten, bekam schwer Luft, hohes Fieber und auch noch eine Magenkolik. Sie musste sich auch übergeben. Es gab nichts, was bei ihr in Ordnung war. Ich hängte Eva einen Anhänger der Mutter Gottes um und sagte zu ihr, sie solle bitte zu ihr und zum Engel Raphael beten, dann würde es ihr bald besser gehen. Gleichzeitig bat ich, dass ich Eva die Schmerzen von den Koliken abnehmen könnte. Am Abend ging es Eva schon viel besser und sie klagte auch nicht mehr über arge Schmerzen. Und dann, nachts, bekam ich starke Magenkoliken. Aber Eva konnte die ganze Nacht ruhig schlafen und hatte auch am nächsten Tag überhaupt keine Koliken mehr. Das Fieber und der schlimme Husten wurden bedeutend besser und am Sonntag war sie wieder fit. Ich dankte, dass ich ihr die Schmerzen abnehmen durfte. Seitdem hat Eva den Anhänger der Mutter Gottes immer dabei.

Ich antwortete:
Liebe Nicole, dein Gebet wurde erhört, aber beim nächsten Mal, bitte den Himmel, Eva die Schmerzen zu nehmen, statt sie auf dich transferieren zu lassen. Denn der Himmel hört genau zu und versucht auch, die meisten Wünsche der Menschen zu realisieren.

Gebet eines Kindes zu seinem Engel

Als ich auf die Welt kam,
lieber Schutzengel, hast du über mich gewacht.
Als Dankeschön
habe ich dir viel Freude gemacht.
Immer wieder kann ich dich spüren,
wie mich im Schlaf deine Flügel berühren.
Du bewahrst mich vor Kummer,
du bewahrst mich vor Schmerz,
du mein Schutzengel berührst mein Herz.
Immer, so lange ich lebe, wirst du bei mir sein. Ich
weiß es ganz genau,
du lässt mich niemals allein.

Am Abend im Bettchen sah das Kind eine Fee.
Die Haare sahen aus wie Gold
und das Gewand war weiß wie Schnee.
„Warum bist du gekommen, fragte das Kind?
War ich nicht brav?" Die Fee sagte:
„Ich komme jede Nacht zu dir im Schlaf.
Mein Kind, vielleicht weißt du auch nicht,
wer nachts im Schlaf immer mit dir spricht.
Ich bin es, dein Schutzengel! Hab keine Angst!
Mit mir an deiner Seite kann dir nichts Schlimmes
geschehen. Und irgendwann, werden wir zwei uns
wieder sehen."

Marlene Toussaint

Auf all unseren Wegen sollen Engel uns segnen,
Auf all unseren Wegen sollen Engel uns begleiten.
Jetzt und für alle Zeiten.
Dein Schutzengel behütet und begleitet dich auf
wunderbare Weise,
jetzt und für immer auf deiner irdischen Reise.

Bernadette Bauer

Simone schrieb:

Ich war mir sicher, dass heute, wenn ich meinen PC anschalte, eine Nachricht von dir da sein wird, die das Buch betrifft. Und genau so war es dann auch. Das freute mich sehr. Nun hoffe ich, dass es deiner Mama wieder besser geht. Ist sie noch im Pflegeheim? Und ich wüsste auch gerne, wie es dir geht. Kurz möchte ich dir noch von einem sehr schönen Erlebnis berichten. Vorab: Bis jetzt habe ich in meinem Leben noch NIE einen lebenden Igel gesehen. Leider nur überfahrene auf der Straße. Schon seit Jahren jammere ich immer wieder, dass ich so gerne mal einen lebenden Igel sehen möchte. Am 23. Oktober bin ich 33 Jahre alt geworden. Zwei Tage vorher habe ich eine Schublade aufgemacht und dabei sind mir das T-Shirt von meinem Papi und seine darin eingewickelte Uhr in die Hände gefallen. Mir ging es gar nicht gut, weil ich in letzter Zeit nur schwer mit seinem Tod klar komme. Ich habe bitterlich geweint und war wirklich total verzweifelt und in meinem Kopf habe ich regelrechte Schreie losgelassen, wie sehr ich ihn lieb habe und wie sehr er mir fehlt. Dann ging ich ins Bad und dachte mir, du musst dich beruhigen, geh raus, in den Garten, eine Zigarette rauchen. Als ich dann im Garten saß, es war 22:23 Uhr, habe ich mir gedacht, bitte Papi, bitte schick mir ein Zeichen, irgendetwas, damit ich weiß das du noch da bist. Aber fragte mich, was soll denn jetzt geschehen, so spät am Abend? Soll ein Kamel durch meinen Garten laufen oder der Mond vom Himmel fallen? Und dann, warum weiß ich nicht, ich habe auch nichts rascheln gehört, habe ich meinen Kopf umgedreht und da saß ein kleiner Igel und schaute mich an. Marlene, ich habe so geweint und mich so gefreut, den Igel habe ich gleich fotografiert und mit ihm gesprochen und mich bei meinem Papi, der mir mal wieder in der Not geholfen hat, bedankt. Auch wusste ich, dass er mir mit dem Igel ein Geburtstagsgeschenk gemacht hat, obwohl es noch zwei Tage bis dahin waren, wusste ich, dass sein Besuch für mich zum Geburtstag bestimmt war. Einige Tage später saß ich auf dem Sofa und plötzlich fielen mir meine Tierbotschafts-Karten ein. Ich wollte unbedingt nachsehen, ob auch ein Igel dabei ist. Und tatsächlich, beim Durchsehen der 64 Karten fand ich einen Igel. Er hatte die Nummer 23. Am 23. habe ich Geburtstag. Was zu der Karte geschrieben stand, ist das schönste Geschenk, das ich bekommen habe (nur zu lang, um es zu schreiben). Seit zwei Jahren wohne ich hier und rauche (leider) jeden Abend, täglich und zu allen Uhrzeiten, aber ein Igel war nie da. Ist das nicht wunderbar, Marlene? Und zu meinem Geburtstag hatte ich zwei Freundinnen eingeladen, denen ich von dem Bild im Wald erzählte, auf dem mein Papi plötzlich zu sehen ist. Das ist ein Foto, das ich gemacht hatte und auf dem man meinen Papa in Schwarz-Weiß erkennen konnte. Einzeln und hintereinander haben beide meinen Papi innerhalb nicht mal einer Minute entdeckt Das hat mich so glücklich gemacht und den beiden Mädels eine Gänsehaut beschert. Anbei das Foto von dem Igelchen.

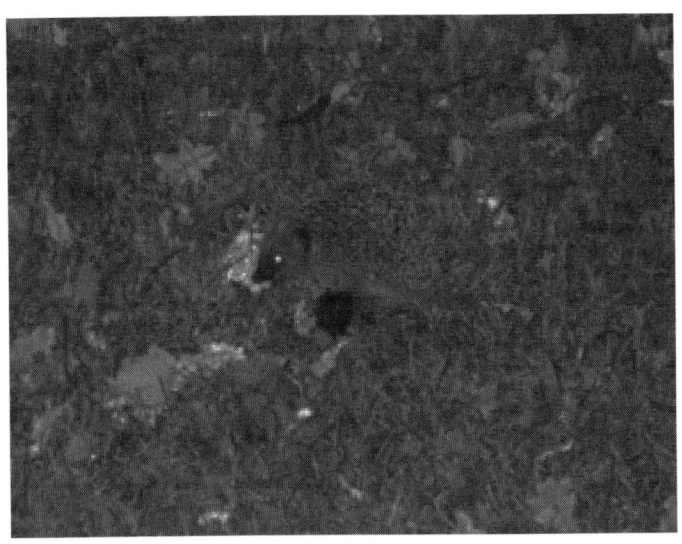

Der kleine Igel im Garten

Simone schrieb 6 Monate später
Gestern hatte ich meinen Termin bei John. Es war sehr schön und mein Papi hat mir viele wunderschöne Dinge vermittelt. Vielen Dank für den guten Tipp. Habe mich sehr wohl gefühlt bei ihm. Nach langer Zeit habe ich Montag vor einer Woche einen ganz schönen Durchhänger gehabt und Papi um ein Zeichen gebeten. Am Nachmittag lag ich auf dem Sofa, ich hatte Urlaub, und habe in den Fernseher geschaut, als plötzlich der Strom ausgefallen ist, im ganzen Haus und in der ganzen Umgebung. Habe sofort an Papi gedacht und schmunzeln müssen. Ich konnte mir aber nicht vorstellen, dass er gleich die ganze Umgebung lahm legt. Am nächsten Tag stand in der Zeitung, dass der Stromausfall nicht geklärt werden konnte. Ein kleiner Zweifel blieb aber. Doch am späten Abend, als ich noch einmal kurz vor die Tür musste, kam mir wieder der Igel vor die Füße

gelaufen, ich hatte ihn das letzte Mal im Oktober gesehen, als ich auch in großer Trauer meinen Papi um ein Zeichen bat. Ist das nicht schön, liebe Marlene?

Petra schrieb:
Heute möchte ich endlich mein Versprechen einlösen und dir schreiben, obwohl du sicher viel zu tun hast. Als erstes möchte ich mich noch einmal bei dir recht herzlich für dein Buch bedanken. Es kam am Freitag vorige Woche an und an diesem Tag sollte mein Enkelkind abends zu uns kommen. Wir hätten noch einiges zu erledigen gehabt, bevor die kleine Maus kam, aber das wurde alles zur Nebensache, denn ich musste sofort anfangen zu lesen. Auch meine Mama sagte, lies nur weiter. Es ist genau wie deine anderen Bücher überwältigend. Man will es nicht auf die Seite legen und verschlingt es förmlich. Das Buch war wieder sehr mitfühlend und interessant geschrieben. Ich hatte oft Tränen in den Augen oder mir lief eine Gänsehaut über den Rücken. Auch das Erlebnis mit deiner Mama hat uns sehr mitgenommen. Ich hoffe, es geht ihr jetzt besser. Ich kann mich nur deinen ganzen Lesern anschließen: Du darfst nie aufhören zu schreiben, deine Bücher geben einem soviel Kraft und Mut, ich danke dir dafür!

Nun möchte ich dir etwas erzählen, was mir im Sommer passiert ist. Wie du weißt, sind wir ja im Sommer mehrere Monate auf dem Campingplatz und mein Bruder ist überall bei uns, wir nehmen sein Bild immer mit und stellen es auf. Einmal habe ich morgens das Frühstück gemacht und unsere Holzbrettchen auf den Tisch gelegt; und auf einmal sah ich, dass ganz plötzlich auf meinem Brett Zeichen sind. Ich kann es mir bis heute nicht erklären, was das bedeuten soll. Vielleicht kannst du mir weiterhelfen, da ich sofort an dich denken musste, habe ich es fotografiert, um es dir zu zeigen. Und glaube mir, es hat keiner was an dem Brett gemacht, wir stellen sie nach dem Frühstück oder Abendbrot immer direkt weg neben unsere Eckbank. Wie ich dir ja schon schrieb, gibt es keinen Tag, wo wir nicht an meinen Bruder denken müssen. Ich spreche sehr oft mit ihm, denn ich habe sein Bild auch bei mir auf dem Schreibtisch und egal wo ich sein Bild sehe, muss ich mit ihm reden. Meine Mama wünscht sich so sehr, dass er sich einmal bei ihr bemerkbar macht, denn für sie ist es noch immer sehr schwer. Gewiss haben wir schon einige schöne Erlebnisse gehabt, wie ich dir schrieb, aber bis auf das, was uns im Sommer passiert ist, wovon ich glaube, dass es ein Zeichen von meinem Bruder war, passiert im Moment nichts mehr. Ich beneide dich sehr für deine Gabe, die du hast, und ich finde es wunderschön, dass du darüber schreibst. Wenn ich deine Bücher lese, kommen mir immer wieder Dinge in Erinnerung, die ich früher hatte, nur konnte ich damals noch nicht damit umgehen und ich habe sehr lange mit niemandem darüber gesprochen. Ich werde es dir einfach mal jetzt schreiben. Ich spürte früher immer, wenn jemand aus der Familie starb, obwohl es demjenigen scheinbar gut ging. Als es mir das erste Mal passierte, war ich 19 Jahre alt und im dritten Monat schwanger. Ich fühlte, dass mein Onkel sterben würde, obwohl er kerngesund war. Ich hielt mich für verrückt, denn ich überlegte bereits, was ich zur Beerdigung anziehen sollte. Ein paar Tage später kam dann tatsächlich meine Oma zu mir und sagte: „Petra ich muss dir etwas sagen!" Ich wusste direkt, was sie sagen wollte und sie berichtete mir tatsächlich, dass mein Onkel die Nacht zuvor gestorben war. Für mich war das damals sehr schlimm, denn ich hatte sehr große Schuldgefühle und dachte immer, ich sei schuld, dass er sterben *musste, weil ich es schon Tage zuvor gespürt hatte. Mein Onkel starb an einem Herzinfarkt, der ihn im Schlaf überraschte. Aber weißt du, wenn man mit niemandem darüber reden kann, weil man Angst hat, etwas zu sagen, das ist sehr schlimm. Und das Gleiche ereignete sich auch bei meinem Schwiegervater und meiner Oma. Ich konnte auch im Voraus spüren, dass sie bald sterben müssen. Nur bei meinen Bruder merkte ich es nicht. Vielleicht ist dieses Gefühl nach meinem Unfall weg, worüber ich ehrlich gesagt nicht böse bin denn es war immer sehr unangenehm für mich.*

Rita B. schrieb:
Zuerst möchte ich kurz einen Einblick in unser Familienleben geben, damit du alles besser verstehen kannst. Am 27.10.1949 wurden meine Schwester Margret und ich, Rita, geboren. Wir waren eine Zwillingsgeburt und haben unsere Eltern und alle Verwandten mit unserem Erscheinen sehr überrascht. Zu der damaligen Zeit gab es noch keine Ultraschall-Untersuchungen. Nicht immer konnten die Gynäkologen oder Hebammen zwei Herztöne deutlich erkennen. Aber noch überraschter waren alle über unser Aussehen. Ich kam als Erste auf die Welt. Man holte mich mit der Saugglocke. Mein Gewicht war für die damalige Zeit erschreckend wenig. Ich wog dreieinhalb Pfund, hatte von der Saugglocke eine Beule am Kopf und meine Finger waren so dünn wie Streichhölzer. Eine halbe Stunde später kam meine Schwester recht gesund und kräftig mit sechs Pfund auf der Erde an. Meine Schwester hatte eine schöne frische Farbe, um nicht zu sagen, sie war braun. Meine Mutter sagte zum Arzt: „Ach, Herr Doktor, die Kleine hat doch wohl nicht eine Gelbsucht!" Der Arzt

konnte meine Eltern beruhigen. Meine Schwester ist auch heute noch der dunkle Typ. Mit dunkelbraunen Haaren, braunen Augen und einem olivefarbenen Teint. Ich war käseweiß, blaue Augen, blonde Locken. Als meine Mutter mit uns das Krankenhaus verlassen hatte, war die Sorge um mich sehr groß. Ich nahm nicht zu und das Fläschchen wurde auch erbrochen. Alle rechneten mit dem Schlimmsten. Selbst der Drogist im Nebenhaus sagte zu meiner Großmutter: „Die Kleine wird das nicht schaffen!" Aber irgendwie habe ich es dann doch geschafft. Von da an war ich der erklärte Liebling in der ganzen Verwandtschaft. Ich war die Lustige, konnte weinen und lachen zugleich. Meine Schwester war die Ernste und immer sehr besonnen. Nach meinem Schulabschluss machte ich eine Ausbildung bei einem praktischen Arzt in der Nähe meiner Großeltern. Die Lehrstelle haben mir meine Tanten besorgt, die dort in Behandlung waren. Beide waren ledig und lebten mit den Eltern, meinen Großeltern, zusammen. Da meine Großeltern ganz in der Nähe meiner Arbeitsstelle wohnten, ergab es sich, dass ich sie sehr oft nach der Sprechstunde besuchte. Ich liebte sie sehr und hielt mich gerne bei ihnen auf. Meine Großmutter war eine sehr fromme, ruhige Frau. Meine Mutter sagte immer: „Die Oma betet viel." Selbst wenn sich die ganze Familie bei ihnen traf, saß sie dabei, aber sie beteiligte sich nur selten an den Gesprächen. Man hatte wirklich den Eindruck, dass sie stille Gebete zum Himmel schickte. Wenn einer Sorgen von uns hatte, sagte sie: „Bete zur Muttergottes, denn sie hilft!" Mein Großvater war auch ein sehr frommer Mensch, aber das war nicht immer so. Zu der Zeit, als seine Kinder klein waren, hielt er nichts von der Kirche. Waren es die stillen Gebete meiner Großmutter, die ihn so verwandelten? Mein Großvater liebte mich sehr und wartete täglich gegen 17 Uhr auf mein Kommen. Das Haus war mir immer sehr unheimlich mit seinen langen dunklen Fluren, wie das in alten Häusern früher so üblich war. Aber mein Opa, der meine Angst kannte, sorgte immer dafür, dass ich mich nicht fürchten musste. Er hantierte, wenn er mich kommen sah, immer mit seinen Zinneimern in dem langen dunklen Gang. So sollte ich das Gefühl haben, dass er da ist und ich sicher bin.

Nach meiner Lehrzeit bekam ich eine Stelle in einem anderen Ortsteil in einem Krankenhaus. Dort arbeitete ich im Labor. Nun konnte ich meine Großeltern leider nicht mehr jeden Tag besuchen. Dann geschah folgendes: Unser Labor befand sich im Untergeschoss des Krankenhauses. Ich musste zur Toilette. Als ich am Waschbecken stand, sah ich ganz plötzlich einen Kopf auf den Fliesen. Als ich näher hinschaute, konnte ich den Kopf meines Großvaters erkennen. Ich war verblüfft und dachte mir zuerst nichts dabei. Es war auch niemand außer mir in den Toiletten. Es konnte also auch nicht der Schatten einer anderen Person gewesen sein. Außerdem sah dieser Schatten ja wie mein Opa aus. Ich sprach mit niemandem darüber, vergessen konnte ich es jedoch nicht. Dann bekam meine Mama einen Anruf von ihrer Schwägerin, sie sagte zu meiner Mutter: „Marga, unser Vater ist heute Nacht gestorben." Meine Mutter und ich fuhren sofort hin. Als wir die schwere Haustür öffneten und in den dunklen Hausflur traten, bekam ich ein beklemmendes Gefühl, alles war mir wieder so unheimlich. In diesem Augenblick hörte ich, wie jemand in der Ecke meines Großvaters mit den Zinneimern hantierte. Ich sagte nichts zu meiner Mutter. Als wir in die Stube traten, fragte ich meine Tanten, ob einer von ihnen gerade im Flur an Opas Eimern war. Es wurde verneint. Dann gingen wir ins Schlafzimmer, wo mein Großvater lag. Wir beteten und blieben noch eine Zeit bei ihm. Dann saßen wir in der Wohnküche, die neben dem Schlafzimmer war. Meine Großmutter saß neben mir. Niemand sprach ein Wort. Jeder betete im Stillen für den Verstorbenen. Plötzlich hörte ich eine Stimme. Was sie sagte kann ich nicht mehr sagen, ich war so aufgeregt. In dem Moment, als ich die Stimme hörte, sagte meine Großmutter: „Mir war, als wenn der Vater gerufen hätte." Da sagte ich: „Ja, ich habe auch etwas gehört." Nun erzählte ich von dem Bild, das ich auf den Fliesen gesehen hatte und dass ich das Klappern der Eimer hörte, als Mutti und ich den Hausflur betraten. Meine Tanten sagten: „Du musst keine Angst haben, der Opa wusste, dass du im Flur bist und wollte dir sagen: „Kind, habe keine Angst, ich bin doch noch da." Aber dennoch war mir das alles so unheimlich.

Dann geschah Folgendes: Ich weiß nicht mehr, ob es noch vor oder nach der Beerdigung passierte. Ich kam nach Hause. Unser Haus war hell und freundlich: Es gab keine unheimlichen dunklen Ecken. Alles war gut überschaubar. Von unserem Hausflur ging eine Treppe in den Keller. Auch dieser war hell. Als ich die Haustür schloss, hörte ich aus dem Keller eine Stimme, die immer wieder meinen Namen rief: „Rita, Rita!" Ich erschrak und dachte, ich drehe durch, rannte in Windeseile nach oben und erzählte meinen Eltern, was ich gehört hatte. Sie merkten, wie aufgeregt ich war und sagten: „Ach, Rita, das sind nur die Nerven. Vielleicht wollte dir der Toni ein wenig Angst einjagen." Das war ein junger Bursche, der unter uns wohnte. Dies beruhigte mich allerdings überhaupt nicht. Denn wie konnte er denn wissen, dass ich es war, die gerade den Flur betritt. Es wohnen immerhin sechs Parteien in dem Haus. Die Angst hielt noch lange an. Ich ging nicht mehr in den Keller. Mein Großvater hat sich danach nicht mehr bei mir gemeldet. Heute finde ich es schade und würde mich sehr darüber freuen. Damals konnte ich nicht damit umgehen. Mein Großvater starb 1968, ich war erst 18 Jahre alt.

Von meiner Großmutter habe ich erfahren, dass, als einer ihrer Söhne im Krieg gefallen war, die eingemachten Obstgläser, die im Schlafzimmer auf dem Kleiderschrank standen, zerbarsten und die Glasscherben auf ihrem Kopfkissen um ihren Kopf herum lagen, ausgebreitet wie ein Kranz. Tage danach bekamen sie die Nachricht, dass ihr Sohn in Russland gefallen war, genau an dem Tag, als sie dieses Erlebnis hatte. Hier muss ich erwähnen, dass meine Großmutter so etwas nie erzählen würde, wenn es nicht tatsächlich so gewesen wäre.

Meine Großmutter mütterlicherseits berichtete mir Folgendes: Es war in den Kriegstagen. Sie wohnten in einem großen Haus, drei Familien lebten auf einem Flur. Alle, die im Haus wohnten, wurden evakuiert. Nur meine Großeltern wollten die Wohnung nicht verlassen. Eines Nachts wurde meine Großmutter durch ein lautes, knarrendes Geräusch geweckt, das aus der Wohnung darüber kam. Meine Mutter hörte das auch. Sie weckten meinen Großvater. Er sagte: „Es ist doch niemand mehr im Haus." Dann wollte er aber doch nachschauen. Er ging in jede Wohnung, denn die Türen wurden damals nicht abgeschlossen. Auch in der Wohnung, aus der das Geräusch kam, war nichts zu sehen. Diese war leer, wie alle anderen Wohnungen auch. Keine Möbel, nichts war mehr da. Mein Großvater sagte, dass niemand im Haus sei, sie sollten doch noch etwas schlafen. Am nächsten Tag war ein Bombenangriff auf Gelsenkirchen. Das Haus wurde getroffen. Im Schlafzimmer wurde die ganze Fensterseite herausgerissen. Meine Großmutter sagte: „Das war meine Mutter, sie wollte uns warnen, *dass wir das Haus verlassen sollten." Als ich meine Großmutter später, als sie dies erzählte, fragte: „Wie war das Geräusch?", sagte sie: „Als wenn ein großer, schwerer Schrank über den Boden geschoben wird. Das gibt es sehr oft, dass die toten Familienangehörigen uns vor Unheil warnen. Oder wenn sie auf die andere Seite gehen, wollen sich die Seelen noch einmal von uns verabschieden."*

Meine Oma berichtete mir, als ihre Mutter starb, hat es dreimal an der Fensterscheibe geklopft. Das hat auch ihre Schwester gehört und ihre Aussage bestätigt. Sie berichtete mir auch, als ihr Bruder starb, er war noch ledig und lebte alleine, klopfte es dreimal an der Hausflurwand, dahinter war das Schlafzimmer meiner Großeltern. Als ihr Mann 1972 verstarb, lebte sie noch eine Zeitlang in der gleichen Wohnung. Sie hatte die Angewohnheit, sich am Mittag immer ein wenig aufs Sofa zu legen, um sich ein bisschen zu erholen. Ganz plötzlich sah sie dabei einmal ihren verstorbenen Mann: Er war wie in Nebel gehüllt, dennoch konnte sie ihn ganz deutlich erkennen. Er kam zu ihr und drückte ihre Hand. Viele Jahre danach, wenn ich mit meiner Großmutter darüber sprach, erzählte sie es mir immer noch genauso. Sie sagte: „Den Druck seiner Hand spüre ich noch heute. Es war so ein wunderschönes Erlebnis, ich werde es nie vergessen!"

1980 machten meine Schwester mit ihrer Familie, mein Sohn Stefan und ich Urlaub in Schweden. Wir hatten ein Haus gemietet. Jeder hatte ein eigenes Schlafzimmer. Eines Nachts wurde ich durch ein Klopfen an der Fensterscheibe aufgeweckt. Es war, als ob jemand mit einem Geldstück ans Fenster klopft. Ich weckte meinen Sohn, wir wollten schauen, ob da jemand ums Haus schleicht. Aber wir konnten beide niemanden sehen. Die Räume waren ebenerdig. Es hätte gut sein können, dass sich vielleicht Jugendliche einen Spaß erlaubt hatten. Am nächsten Morgen fragte ich meine Familie, ob auch sie etwas gehört haben, aber sie verneinten. Als wir aus dem Urlaub zurückkamen, fuhren wir zunächst alle zu unseren Eltern. Dort sagte man uns, dass ein Cousin meines Vaters gestorben sei. Ich erzählte, dass jemand im Urlaub an mein Fenster geklopft hatte. Mein Vater sagte: „Rita, die Verstorbenen wollen sich nur von dir verabschieden." „Aber warum immer bei mir?", fragte ich. Darauf wusste auch mein Vater keine Antwort. Er wusste nur, dass seine Mutter und Schwiegermutter ebenfalls solche Zeichen bekamen.

Ich finde es wichtig, dass die Menschen erfahren, dass es zwischen Himmel und Erde so vieles gibt, woran wir nicht einmal im Traum denken würden. Auch möchte ich nochmals versichern, dass alles, was ich persönlich erlebt habe, wahr ist. Es wurde nichts erfunden oder ausgeschmückt. Die Verstorbenen verabschieden sich immer von mir, bevor sie auf die andere Seite gehen.

1980 hatte ich Probleme mit Arbeitskolleginnen und der Frau meines Chefs. Als ich am Abend traurig zu Bett ging, fing ich ganz plötzlich an zu weinen. Es ging mir wieder alles durch den Kopf und ich fühlte mich ungerecht behandelt. Auf einmal fühlte ich, wie jemand ganz sachte und unendlich liebevoll über mein Haar streichelte. Ich blieb ganz ruhig liegen und dachte nur, wer mag das wohl sein? Zunächst dachte ich an meinen Großvater, der 1968 verstarb. Dann kam mir aber auch der Gedanke, dass mein Schutzengel gekommen war, um mich zu trösten. Es war für mich so ein wunderschönes Erlebnis, dass ich danach ganz schnell und ruhig einschlafen konnte.

Die Probleme, die ich in der Praxis hatte, waren gar nicht mehr von Bedeutung.

Als 1984 mein Onkel Alfred starb, machten meine Eltern gerade ein paar Besorgungen in der Stadt. Am Abend, es war so gegen 23 Uhr, ging ich zu Bett. Gerade als ich einschlafen wollte, hörte ich eine Stimme in meinem Kopf. Sie sagte: „Da wer, oder wer da?" Mehr habe ich nicht behalten. Ich habe mich so erschrocken, bin aus meinem Bett gesprungen und rannte ganz erschrocken ins Wohnzimmer, wo mein Vater saß. Als ich ihm erzählte, was passiert war, fragte er: „Wem gehörte die Stimme?" „Ich weiß nicht!", sagte ich, „sie war aber angenehm." „War es meine Stimme?", fragte mein Vater weiter. Ich verneinte. Da meinte er scherzend, „wenn du mich mal hörst, sag mir Bescheid." Wir sprachen noch eine Zeitlang über die Stimme, aber ich konnte sie keinem aus der Familie zuordnen. Am nächsten Tag kam ein Anruf und man teilte uns mit, dass Alfred gestorben ist und zwar genau, als ich die Stimme hörte. Wir wussten nicht, dass es so schlimm um ihn stand. Der Kontakt zu ihm war auch eher sporadisch. Also wusste auch ich nicht, dass er im Sterben lag, als ich die Stimme in meinem Kopf hörte.

Ritas Papa

Mein Vater hatte 1975 einen Hinterwandinfarkt erlitten. Dadurch hatte sich ein faustgroßes Aneurysma am Herzen gebildet. Es war inoperabel. Die Ärzte teilten ihm mit, dass sein Aneurysma platzen kann und er dann verblutet. Deshalb könnten sie nichts für ihn tun. Meinen Vater beunruhigte das allerdings nicht besonders. Im September 1986 erlitt er beim Einkaufen einen Schlaganfall. Ein Geschäftsmann, der meinen Vater kannte, gab ihm noch Nitrospray und rief sofort einen Krankenwagen. Es verstrich im Krankenhaus sehr viel Zeit, da man meinen Vater wegen Platzmangel nicht aufnehmen wollte. Der Fahrer des Rettungswagens kannte meinen Vater und bestand darauf, dass er sofort aufgenommen werden muss. Nach ewigem Hin und Her wurde mein Vater auf die Intensivstation gebracht. Zwei Wochen später hatte sich sein Zustand so stabilisiert, dass man ihn auf die normale Station verlegen konnte. Ich besuchte ihn fast täglich im Krankenhaus. Zur gleichen Zeit wurde auch sein Bruder ins Krankenhaus eingewiesen, allerdings in ein anderes. Jedes Mal, wenn ich meinen Vater besuchte, fragte er nach seinem Bruder Hans. Dann, im November 1986 starb sein Bruder. Wir überlegten nun, ob wir ihm die Nachricht vom Tod seines Bruders sagen könnten, ohne seine Gesundheit dadurch zu gefährden. Wir entschieden uns, es ihm zu sagen, da mein Vater in einem Dreibettzimmer lag, und so die Möglichkeit bestand, dass er die Todesanzeige völlig unvorbereitet in der Tageszeitung lesen würde. Oder ein Zimmernachbar könnte fragen, ob er wegen der Namensgleichheit mit diesem Herrn verwandt sei. Zu Hause überlegten wir, wer die schwere Aufgabe übernehmen sollte. Meine Mutter lehnte sofort ab, meine Geschwister auch. So sagte meine Mutter: „Rita, mach du das, du findest immer die richtigen Worte." Also ging ich am nächsten Tag ins Krankenhaus, sprach mit dem Stationsarzt und ging dann zu meinem Vater. Ich war ganz normal, ließ mir nichts anmerken. Wir sprachen über alles Mögliche. Plötzlich sah er mich an und sagte: „Was macht Hans, geht es ihm gut?" Das war der Moment, vor dem ich mich die ganze Zeit so gefürchtet habe. Ich sah meinen Vater an, nahm seine Hand und sagte: „Papa, der Onkel Hans hat es nicht geschafft." Die Worte, er ist tot, wollte ich nicht aussprechen. Mein Vater weinte und ich weinte mit ihm. Nach einer Weile hatte er sich wieder beruhigt. Aber wir sprachen nicht mehr viel. Nachdem ich mich verabschiedet hatte, ging ich nochmals zum Stationsarzt. Er versprach mir, sofort nach meinem Vater zu sehen. Am nächsten Tag rief meine Mutter gegen 11:30 Uhr bei uns in der Praxis an und erzählte mir, was mit meinem Vater passiert ist. Er ist morgens beim Frühstück aus dem Bett gefallen, sein Frühstückstablett landete im Bett seines Zimmernachbarn. Mein Vater lag auf dem Boden und war nicht ansprechbar. Der Zimmernachbar lief sofort los, um Hilfe zu holen. Allerdings dauerte es über sieben Minuten, bis ein Arzt kam, um nach ihm zu sehen. Während dieser Zeit waren schon viele Gehirnzellen abgestorben. Er musste dann wieder auf die Intensivstation, dort lag er für mehrere Wochen. Sein Herz blieb immer wieder stehen und mit Elektroschocks wurde mein Vater immer wieder zurückgeholt. Ich weiß nicht, wie oft das gemacht wurde. Die Ärzte machten uns keine Hoffnung mehr. Zwischendurch war mein Vater vom Kopf her wieder ganz klar. So fragte ich: „Papa, weißt du, wie alt dein Enkel Stefan ist?" Er sah mich an und meinte: „Ja glaubst du ich weiß das nicht? Stefan ist 16 Jahre geworden". Das war richtig. Aber die Ärzte sagten uns, dass sein Gehirn durch den Sauerstoffmangel sehr gelitten hat und aus medizinischer Sicht nichts mehr zu machen ist. Unser Vater war ein Pflegefall geworden. Man verlegte ihn dann wieder auf die normale Station. Dort besuchte ich ihn fast jeden Abend, um ihn zu füttern. Meine Mutter und meine Schwester waren mittags bei ihm. Am 8. Januar 1987 starb mein Vater mit 66 Jahren im Krankenhaus. Der Anruf kam nachts um 2 Uhr 30. Ich rief meinen Bruder und meine Schwester an und wir fuhren noch in der Nacht zum Krankenhaus. Dort konnten wir uns von unserem Vater verabschieden und für ihn beten.

Der Cousin meiner Mutter war Dechant in Essen. Er war schwerhörig und trug deshalb Hörgeräte, die er nachts immer heraus nahm. In der Nacht, als mein Vater starb, klingelte bei meinem Onkel das Telefon. Er hörte es, obwohl er die Hörgeräte schon herausgenommen hatte. Dies sagte er uns, als wir ihm mitteilten, wann unser Vater gestorben ist. Er fragte noch, ob wir ihn nachts angerufen haben. Wir verneinten und er sagte: „Nachts werde ich nie angerufen, dann ist der Priester von der anderen Gemeinde zuständig." Meine Mutter bat ihn, die heilige Messe zu halten und unseren Vater zu beerdigen. Diesen Wunsch erfüllte er gerne. Mein Vater lag in der Leichenhalle im offenen Sarg aufgebart. Jeden Tag bis zur Beerdigung gingen wir zu ihm, um Abschied zu nehmen. Manchmal auch zweimal am Tag. Jedes Mal, wenn ich nach Hause kam, nahm ich in meinem Zimmer immer einen süßlichen Geruch wahr. In den anderen Räumen war dieser Geruch nicht. Einige Tage vor der Beerdigung ging ich in eine Klosterkapelle zur Beichte. Um dorthin zu kommen, musste ich mit dem Bus fahren. Plötzlich hatte ich wieder diesen süßlichen Duft in der Nase. Von der Bushaltestelle musste ich noch ein Stückchen zu Fuß gehen. Als ich in der Nähe der Klosterkapelle war, war auch der Duft wieder da. Es waren zwar Hecken und Sträucher dort, aber es war Winter und es blühte nichts.

Es war der Tag, als der Sarg geschlossen wurde. Mein Bruder und ich waren in der Leichenhalle und standen vor der Glasscheibe, die uns von unserem Vater trennte. Wir waren allein mit ihm. Die anderen Kabinen waren leer. Mein Vater war der Einzige. Wir hielten uns eine ganze Zeit dort auf. Dann fing plötzlich die Scheibe an zu vibrieren. Mein Bruder und ich sahen uns erschrocken an. Wir waren allein, aber wo kam das her. Ich sagte zu meinem Bruder: „Franzl, unser Vati sagt jetzt tschüss, denn der Bestatter kommt, um den offenen Sarg zu schließen."

Mein Bruder lebte allein, es war am Tag der Beerdigung: Als er morgens aufstand, ging er ins Wohnzimmer um eine Tasse Kaffee zu trinken und eine Zigarette zu rauchen. Die Zigarette drückte er dann im Aschenbecher aus und ging ins Bad. Als er wieder ins Wohnzimmer kam, sah er, dass die Asche sich um den Aschenbecher verteilt hatte. Er sagte:

„Na Papa, hast du noch einen Zug genommen?" Mein Vater hat immer gerne geraucht. Auch nach seinem Herzinfarkt wollte er darauf nicht verzichten. Darum scheint es uns so, dass uns unser Vater durch die verstreute Asche sagen wollte, ich bin noch bei euch. Die Fenster in seiner Wohnung waren ja geschlossen, die Asche konnte nicht durch einen Luftzug verteilt werden. Als unser Onkel Bruno unseren Vater dann beerdigt hatte und wir wieder zu Hause waren, sprach er nochmals von dem nächtlichen Anruf. Meine Großmutter sagte: „Bruno, du weißt, dass deine Mutter das auch immer gehört hat." Er konnte es nur bestätigten und sprach davon, wie seine Mutter beim Tod ihrer Mutter das Klopfen an der Fensterscheibe hörte.

Ich ging zu meinem Bruder, um bei ihm in der Wohnung ein wenig aufzuräumen. Er lebte alleine und war oft beruflich lange unterwegs. Es war an einem Samstag im April 1988. Ich war alleine in seiner Wohnung, war fast mit dem Putzen fertig, als ich feststellte, dass die Küchenuhr schief hing. Ich war mir aber ganz sicher, dass die Uhr vorher gerade an der Wand hing. Nun fing ich an, zu überlegen, was das zu bedeuten hatte. Ein seltsames Gefühl beschlich mich. In unserer Familie war aber niemand ernsthaft krank, dass man mit dem Schlimmsten hätte rechnen müssen. „Durchzug", überlegte ich, aber das müsste ein Orkan gewesen sein. Ich probierte alles aus, was die Schieflage der Uhr hätte verursachen können. Alle Fenster wurden von mir geöffnet. Die Balkontür, die Wohnungstür, nichts passierte! Noch am gleichen Tag rief mich meine Mama an und sagte: „Rita, ich habe eine traurige Nachricht, deine Tante ist gestorben."

Nun wusste ich, warum die Uhr, die nie von mir berührt wurde, plötzlich schief hing. Meine Tante hat sich auf diese Weise von mir verabschiedet. Nun muss ich erwähnen, dass meine Tante zwar krank war, aber ihre Geschwister wollten nicht darüber sprechen. Es hieß nur, ihr Blutbild ist nicht in Ordnung. Viel später haben wir erfahren, dass sie Leukämie hatte.

Mein Mann war im Februar 2000 für einige Wochen zur Kur. Ich befand mich allein im Haus. Wir bewohnen ein 250 Jahre altes Fachwerkhaus. In diesem Haus gibt es noch eine Einliegerwohnung, die von einem alleinstehenden Herrn bewohnt wurde. Unser Nachbar war aber oft schon morgens aus dem Haus. So auch am 5. Februar 2000. Es war ein Samstag und ich hatte an diesem Tag vor, meine Wohnzimmerfenster zu putzen. Als ich das Wohnzimmer betrat, sah ich, dass eines der großen Bilder plötzlich ganz schief hing. Ich sah das Bild an und dachte sofort, lieber Gott, wer es auch sein mag, habe Erbarmen mit dieser Seele und nimm sie in deinem himmlischen Reich auf. Ich war ganz ruhig. Dann ging ich zum Bild und hängte es wieder gerade. Das Bild fiel aber immer wieder in die Schieflage zurück. Eine halbe Stunde später bekam ich einen Anruf aus dem Kloster in Recklinghausen. Dort lebte mein Onkel. Der Direktor des Klosters teilte mir mit, dass mein Onkel, Josef Marternus, dies war sein Klostername, ins Krankenhaus eingewiesen worden sei und auf der Intensivstation liege. Sein Zustand sei sehr kritisch und man müsste mit dem Schlimmsten rechnen. Nach dem Telefonat mit dem Direktor des Klosters rief ich meinen Sohn Stefan an und wir fuhren beide zum Hospital, um nach ihm zu sehen. Mein Onkel war nicht mehr ansprechbar. Ich gab ihm einen Rosenkranz und machte ein Kreuz mit Weihwasser auf seine Stirn. Mein Sohn und ich beteten für ihn, bevor wir wieder gehen mussten. In der Krankenhauskapelle zündeten wir noch Kerzen für ihn an. Am 10. Februar 2000 hat er uns dann für immer verlassen.

Warum kommen die Verstorbenen nach ihrem Tod immer alle zu mir, Marlene? Dieser Gedanke beschäftigt mich schon lange. Meine Zwillingsschwester Margret hat nur einmal etwas gesehen. Sie war vier Jahre alt. Meine Schwester lag damals bei den Eltern im Bett. Nachts wurde sie wach, setzte sich im Bett auf und sah im Türrahmen eine helle Lichtgestalt stehen. Sofort weckte sie unseren Vati und berichtete ihm, was sie sah. Unser Vati meinte, dass er das gleiche sieht und sagte, dass es wohl das Jesuskind sei oder ein Schutzengel. Meine Schwester Margret sah die Lichtgestalt so, wie sie auf dem Schutzengelbild war. Auf meine Frage, ob sie das nicht alles nur geträumt hat, antwortete meine Schwester: „Nein, ich war hellwach und saß im Bett.“

Mein Bruder war noch klein, sieben Jahre alt, aber groß genug, um alleine draußen zu spielen. Es war in dem Jahr als unser Vater gestorben ist. Er sagte: „Ich schaute zum Himmel, da sah ich eine Hand am Himmel und zwar nur die Finger, so wie wir es auf den Bildern Jesus immer sehen, wenn er die Menschen segnet.“ Ich glaubte meinem Bruder, denn er ist ein stiller Mensch, der nicht viel redet. Niemals würde er aus Sensationslust etwas erfinden, was der Wahrheit nicht entspricht. Er hatte die ganzen Jahre nicht darüber gesprochen, jedoch vergessen hat er es nicht.

Mein Chef war bereits ein älterer Herr, aber noch immer ein hervorragender Arzt. Ich liebte es, mit ihm zu arbeiten. Doch als mein Sohn geboren wurde, musste ich sehen, dass ich einen anderen

Arbeitsplatz mit einer geregelteren Arbeitszeit fand, denn ich musste für meinen Sohn da sein. Mein Sohn war vier Jahre alt, als ich den Arbeitsplatz wechselte. Es fiel mir sehr schwer, diese Entscheidung zu treffen. Wir waren ein gutes Team. Dies schreibe ich nur, damit man versteht, was beim Tod meines früheren Arbeitgebers bei uns zu Hause geschah. Ich weiß nicht mehr, ob sich das vor oder nach der Beerdigung zugetragen hatte. Mein Mann und ich saßen im Wohnzimmer. Es war Abend und wir sahen gemeinsam fern. Auf dem Wohnzimmertisch stand eine Vase mit einer dicken, selbst gepflückten Distel. Die Vase war nicht sehr groß und es war nur eine Distel darin, deren Stiel so dick war, dass die Öffnung damit fast ausgefüllt war. Ohne dass einer von uns den Tisch berührte, bewegte sich auf einmal die Distel in der Vase. Es gab in dem Moment keinerlei andere Erschütterungen. Aber wie kann es sein, das sich eine Distel in der Vase bewegt? Nachdem ich erfahren hatte, dass mein ehemaliger Chef verstorben ist, bin ich mir sicher, dass er sich auf diese Weise von mir verabschieden wollte.

Mein Mann und ich waren mit dem Auto im Sauerland unterwegs. Wir wollten eine Kirche besuchen. Ich stelle immer Kerzen auf und bete zu Gott und der Muttergottes. Die Kirche war allerdings eingezäunt, da sie renoviert wurde. Vor dem Hauptportal wurde der Boden neu geteert. Die Teerdecke war ziemlich dick und ging nicht bis zur Eingangstüre. Der Belag war etwa drei Zentimeter höher als der Boden vor dem Eingang. Ich lief ohne darauf zu achten, auf die Eingangstüre zu. Plötzlich stolperte ich, fiel nach links, wo ein sehr spitzer Eckpfeiler war. Kurz bevor mein Kopf mit dem Pfeiler in Berührung kam, wurde er, ja, nun weiß ich nicht, wie ich das beschreiben soll: Es war als würde jemand meinen Kopf halten, mich abbremsen. Ich hatte das Gefühl, als ob jemand dazwischen stand, obwohl dort nur noch ein Blatt Papier zwischen dem Pfeiler und meinem Kopf Platz gehabt hätte. Durch eine unsichtbare Kraft, die nicht sichtbar, aber für mich spürbar vorhanden war, wurde Schlimmeres verhindert. Auch mein Mann meinte: „So wie du gefallen bist, hätte das ganz böse enden können. Da hat dein Schutzengel aber ganze Arbeit geleistet."

Heute möchte ich berichten, wie uns die Muttergottes durch die wundertätige Medaille und die neuntägige Novene geholfen hat. Deinen Büchern legst du ja immer eine wundertätige Medaille bei. Diese Medaille kenne ich bereits seit Jahrzehnten. Auch habe ich fast alle Heftchen „Erlebnisse mit der wundertätigen Medaille" gelesen, sowie auch die Büchlein „Die schönsten Mariengeschichten." Beide Hefte wurden von dem Pfarrer Karl Maria Harrer geschrieben. Darin teilen Menschen mit, wie sie durch Vertrauen und Gebete, auch durch das Tragen der Medaille, oftmals aus schwierigen Situationen von der Muttergottes gerettet wurden. Auch bei aussichtslosen Krankheiten hat die Muttergottes den Menschen geholfen. Alles kann man der Muttergottes anvertrauen und sie um Hilfe bitten. Das, was ich nun schreibe, geschah im Jahr 2000 und es geht um meine Mutter, die an Altersdemenz erkrankte. Ihre Krankheit bestand zu diesem Zeitpunkt schon drei Jahre. Meine Schwester und mein Schwager bauten ein Haus, in das auch meine Mutter mit einziehen wollte, denn es gibt eine sehr schöne Einliegerwohnung. Die ersten Wochen waren sehr schön für unsere Mutter. Wir Geschwister waren glücklich, dass unsere Mutter wieder ein wenig am täglichen Geschehen teilnahm. Die Krankheit trat aber wieder auf, und sogar verstärkt. Verfolgungswahn und bösartige Beschimpfungen gegenüber meiner Schwester und meinem Schwager waren an der Tagesordnung. Da unsere Mutter strikt ablehnte, in ärztliche Behandlung zu gehen, blieben uns nur die Gespräche mit den Ärzten. Den Ärzten waren die Hände gebunden, denn ohne Zustimmung des Patienten, ist eine Behandlung nicht möglich. Man sprach bereits von einer Entmündigung. Wir haben es uns nicht leicht gemacht. Denn unsere Mutter hatte auch immer wieder Tage, an denen sie recht zugänglich und klar war. Wir konnten uns zu dem Schritt, unsere Mutter entmündigen zu lassen, nicht durchringen. Wir hätten uns dabei nicht gut gefühlt. Dann wurde es doch plötzlich so schlimm, wir wussten uns keinen Rat mehr. Sie wurde furchtbar böse, dabei war unsere Mutter bis zu ihrer Erkrankung herzensgut. Sie tat alles für ihre Kinder. Sie selbst begnügte sich stets mit dem Wenigen, was übrig blieb. Unsere Mutter war damals 81 Jahre alt. Ständig vermisste sie Gegenstände, die sie verlegte. Glaubte, man hätte sie gestohlen. Später fanden wir diese im Mülleimer wieder. Zum Arzt gehen wollte sie nicht. Unsere Mutter sagte immer: „Was soll ich da, ich bin doch gesund, mir fehlt nichts." Dann meinte sie: „Ihr alle solltet mal zum Arzt gehen. Und wenn ein Arzt ins Haus kommt, dann kann er gleich wieder gehen. Ich tu keinem was, aber in diesem Haus geht der Deiwel auf Stelzen." Meine Mutter hörte immer einen furchtbaren Lärm, der nicht vorhanden war. Sie wollte deshalb zu ihrem Sohn in eine andere Wohnung einziehen. Allerdings ist dies nur ein ganz geringer Teil aus dem Krankheitsbild unserer Mutter. Auch versuchten wir Kinder, ihr zu erklären, dass der Lärm, den sie hört, ohne ärztliche Hilfe auch mit umzieht. Dann war es trotzdem soweit. Unsere Mutter zog also in das Haus des Sohnes und der Schwiegertochter. Ihr Zustand wurde nicht besser, sondern verschlechterte sich zusehends. Sie wurde immer

81

bösartiger, vor allem meiner Schwägerin gegenüber. Da wurden ihre Lebensmittel verdorben, Wäsche aus dem Waschraum verschwand, das Telefon wurde manipuliert. Meine Schwägerin ist Philippinin, ausgebildete Krankenschwester und arbeitet in einem Pflegeheim. Sie ist herzensgut und eine hervorragende Krankenschwester. Es war so schlimm mit meiner Mutter, dass wir Geschwister uns sogar wünschten, dass unsere Mutter krank wird mit irgendetwas, womit man sie in ein Krankenhaus einweisen lassen müsste. Somit wäre auch eine neurologische Behandlung möglich. Es hört sich furchtbar an, aber wir sahen sonst keine andere Möglichkeit, unsere Mutter in ärztliche Behandlung zu bekommen. Nur über diesen Umweg könnte man auch die Demenzerkrankung medikamentös behandeln.

Anfang Juli 2002 waren mein Mann und ich in Lourdes. Wir brachten von der Gnadenquelle heiliges Wasser für meine Mutter mit. Sie trank es täglich und sagte, sie fühle sich bereits viel besser. Das stimmte auch, man konnte den Unterschied deutlich erkennen. Der Lärm, den unsere Mutter sonst immer hörte, war Vergangenheit. Der Verfolgungswahn und die Bösartigkeiten blieben auch für eine Zeitlang aus.

Für den 15. August 2002, Maria Himmelfahrt, bestellte ich in dem Wallfahrtsort Kevelaer heilige Messen. Sie sollten an neun Tagen hintereinander für unsere Mutter gefeiert werden. An diesen Tagen beteten wir gleichzeitig die Novene aus dem Heftchen „Die wundertätige Medaille". Und jetzt wurden unsere Gebete erhört. Unsere Mutter wurde krank und der Notarzt wies sie sofort in das Linzer Krankenhaus ein. Der stationäre Aufenthalt dauerte zehn Tage. Während dieser Zeit wurde unsere Mutter gründlich

*untersucht, sie bekam Medikamente für die fest-
gestellten Erkrankungen. Auch gegen die Altersdemenz bekam sie die entsprechenden Medikamente.
Ihr Zustand verbesserte sich täglich. Im Mai 2003 trat
nochmals ein Rückfall auf. Unsere Mutter gab mir eine
Ohrfeige. Der Grund war, dass sie Blutdruck und
Harntreibende Medikamente bekam. Da sie aber alles
falsch einnahm, wurde sie sehr böse, als ich mit ihr,
über die Medikamenteneinnahme sprach. Danach
wollte unsere Mutter bei meinem Bruder wieder
ausziehen und in ein Pflegeheim. Wir schauten uns
mit ihr ein paar Häuser an und sie war ganz begeistert
von der wundervollen Lage der Altenheime. Auch vom
Finanziellen her war alles annehmbar. Wir Kinder
waren fest davon überzeugt, dass unsere Mutter
erneut einen Wohnungswechsel starten würde. Uns
gefiel aber gar nicht, dass wir sie dann nicht mehr
jeden Tag hätten besuchen können. Aber wir ließen
sie gewähren. Meine Geschwister und ich beteten
nochmals eine Novene und baten wiederum die
Muttergottes um Hilfe. Dann, es muss Anfang Juli
2003 gewesen sein, hat sich das Verhalten unserer
Mutter grundlegend zum Guten geändert. Sie war fast
so, wie vor ihrer Demenzerkrankung, lieb, fürsorglich,
aufgeschlossen, zugänglich. Das Krankheitsbild
Demenz wurde ständig besser. Heute ist unsere
Mutter so, wie wir sie immer kannten. Ich besuche sie
sehr oft oder wir telefonieren und sie macht ihre
Späße und es wird viel gelacht. Unsere Mutter ist
dann doch nicht in ein Pflegeheim gegangen. Sie
wohnt weiterhin bei meinem Bruder und meiner
Schwägerin. Das heißt aber nicht, dass die
Demenzerkrankung geheilt ist. Nein, aber durch die
Medikamente hat sie nicht mehr den Verfolgungs-
wahn. Sie lässt sich nun alle Medikamente von ihrem
Sohn oder der Schwiegertochter geben. Auch geht sie
mit meiner Schwester regelmäßig zur ambulanten*

Kontrolluntersuchung. Selbst gegen einen hausärztlichen Besuch wehrt sie sich nicht mehr. Wir alle sind der Muttergottes sehr dankbar, dass sie unserer Mutter und uns allen geholfen hat. Heute ist unsere Mutter 87 Jahre alt und wir sind alle glücklich, dass wir sie noch haben. Wir wünschen uns, dass sie noch länger bei uns bleiben darf. Es gibt heute so viele ältere Menschen, die an Altersdemenz erkrankt sind. Sie leiden sehr darunter, auch die Angehörigen. Es ist auch ein Zeichen dafür, dass unsere Gebete, die wir an Mutter Maria richten, erhört werden.

Ich möchte noch einmal berichten, wie unsere Mutter unerwartet Hilfe von den Jenseitswelten bekam. Eigentlich telefoniere ich mit meiner Mutter einmal die Woche, es sind jeweils unterschiedliche Tage. Es war an einem Donnerstag, dem 24. April 2008. Ich war in unserem Garten und hatte einiges zu tun. Plötzlich dachte ich: „Wenn du nachher rein gehst, rufst du erst einmal bei Mutti an." Später hatte ich es dann aber wieder vergessen. Als es mir am späten Abend wieder einfiel, war es für einen Anruf zu spät. So verschob ich es auf den nächsten Tag. Am Freitag also. Doch hatte ich an diesem Tag noch einen Arzttermin und im Anschluss noch einiges im Haus und Garten zu erledigen. Zwischen meinen Arbeiten kam mir immer wieder der Gedanke, dass ich noch mit Mutti telefonieren muss. Doch durch die vielen Dinge, die erledigt werden mussten, vergaß ich auch an diesem Tag das Telefonat. Erst am Abend dachte ich wieder daran. Am Samstag kamen unsere Kinder und unsere zwei Enkel. Der Samstag war mit Spielen, Erzählen, Essen und Kochen ausgefüllt. Am Sonntag war Ruhetag bei uns. Es war wie verhext. Auch am Sonntag kam mir der Gedanke, mit unserer Mutter zu telefonieren, überhaupt nicht in den Sinn. Dann am Montag, dem 28.April 2008, spürte ich plötzlich eine *seltsame Unruhe in mir. So gegen 12 Uhr mittags rief ich unsere Mutter an. Es war eigenartig. Ihre Sprache war schwer und schleppend. Die Wörter, die sie sagte, ergaben keinen Sinn. Es klang alles nicht normal. Ich dachte, hoffentlich ist es kein Schlaganfall. Dann rief ich meine Schwester an und schilderte ihr meine Vermutung. Sie versprach mir, sofort zu Mutters Wohnung zu fahren. Der Arzt kam kurz darauf und auch er vermutete einen Schlaganfall und verordnete eine sofortige stationäre Einweisung, um das Krankheitsbild abklären zu lassen. Nach den ersten Untersuchungen kam unsere Mutter sofort auf die Intensivstation. Dort blieb sie vier Tage und wurde dann verlegt. Es war kein Schlaganfall jedoch eine schwere Lungenentzündung. Diese wurde durch den erheblichen Flüssigkeitsmangel, der von den Ärzten festgestellt wurde, ausgelöst. Dies ist bei sehr vielen alten Leuten der Fall, da sie viel zu wenig trinken. Auch unsere Mutter trinkt nicht genug. Wenn wir ihr ein Glas Wasser oder Tee reichen, heißt es immer: „Ich habe schon getrunken." Manchmal denke ich: „Seltsam, dass ich den Anruf, den ich an dem Donnerstag machen wollte, immer auf den nächsten Tag verlegte, bis zu dem besagten Montag. Denn hätte ich an dem Donnerstag mit ihr telefoniert, so hätte ich am Montag nicht mit ihr gesprochen. Wer weiß, ob unsere Mutter bei meinem nächsten Telefonat noch am Leben gewesen wäre. Ich denke, irgendjemand auf der anderen Seite hat dafür gesorgt, dass ich erst am Montag mit unserer Mutter telefonieren sollte. Trotz allem, wenn ich darüber nachdenke, glaube ich, dass die Hilfe vom Himmel kam. Aber von wem, das weiß ich nicht. Vielleicht war es unser Vater, vielleicht ihr Schutzengel, vielleicht die Mutter Maria? Ich wünsche auch deiner Mutti alles, alles Gute. Möge die Muttergottes schützend ihre Hand über sie halten.*

Meine Freundin Karin ist ein lieber Mensch, sie hat immer ein offenes Ohr für ihre Mitmenschen. Über Religion haben wir früher wenig gesprochen. Aber irgendwann erzählte ich ihr, was ich dir in den Berichten schon mitgeteilt habe. Karin findet das immer etwas seltsam, um nicht zu sagen unheimlich.

Es mag jetzt vielleicht fünf Wochen her sein. Ich erzählte ihr am Telefon, dass ich sämtliche Erlebnisse aufschreibe und dir zusende. Auch hatte ich ihr ein Buch zu Weihnachten geschenkt, „Engel, unsere Helfer." Sie hat es gelesen und so kamen wir darauf, dass es zwischen Himmel und Erde vieles gibt, was sich keiner erklären kann. Dann fragte ich sie: „Karin, hast du denn auch schon einmal so etwas erlebt, oder jemand aus deiner Familie?" Karin sagte: „Es war im Jahr 2000, ich lag im Krankenhaus und sollte an meinen Ohren operiert werden. Nach der Operation brachte man mich in den Aufwachraum. Später, als es mir wieder ein wenig besser ging, brachte man mich auf mein Zimmer. Mein Bett stand am Fenster. Es war schon dunkel draußen. Ich schaute zum Fenster und sah auf einmal hinter der Glasscheibe meinen Vati stehen. Ich dachte, das kann doch gar nicht sein, denn Vati ist doch tot. Erst glaubte ich, dass dies Nachwirkungen der Narkose waren. Aber ich fühlte mich gut, war wach und nahm auch alles richtig wahr. Von meinem Vati sah ich nur den Oberkörper. Er stand da, sah mich nur an, lächelte und bewegte sich nicht." Karin ist erwerbsunfähig. Bei ihr stellten die Ärzte eine Multiple Sklerose fest. Vielleicht wollte ihr Papa deshalb an diesem Tag bei ihr sein. Meine Freundin Karin würde sich so ein Erlebnis niemals zusammenbasteln. Dafür ist ihr dieses Thema viel zu ernst und wichtig.

Auch meine Großmutter hat ihren Mann nach seinem Tod gesehen. Sie lag auf dem Sofa und er stand ganz plötzlich neben ihr. Er drückte ihr Handgelenk. Er war aber nur bis zum Oberkörper zu sehen.

Dann erzählte sie mir noch, was ihrer Schwester Elke passierte. Elke war eigentlich immer sehr gesund. Doch vor einem Jahr wurde sie schwer krank. In der Firma, wo sie arbeitete, brach sie zusammen und kam dann sofort ins Krankenhaus. Die Ärzte stellten fest, dass ihr Blutdruck zu hoch war, die Blut-Fettwerte nicht in Ordnung waren und dass sie auf einmal auch Herzprobleme hatte. Nachdem sie behandelt und medikamentös eingestellt worden war, ging es ihr eine Zeit lang ganz gut. Dann kamen Probleme mit der Schilddrüse und Diabetes dazu. Nun war sie sehr verzweifelt. Sie fragte sich oft, wie sie das alles bis zu ihrer Rente schaffen sollte. So lag sie abends im Bett und überlegte. Plötzlich fühlte sie, dass eine Hand sich auf ihren Kopf legte. Sie dachte: „Jetzt fange ich auch noch an zu spinnen, als hätte ich nicht schon genügend Krankheiten!" Aber die Hand war da. Es war kein Kissen, keine Decke, die diese Berührung verursachten. Vielleicht war es auch ihr Vati, der dadurch sagen wollte: „Alles wird gut!" Oder war es ihr Schutzengel? Menschen die selten krank sind, fühlen sich bei einer ernsteren Erkrankung oft sehr hilflos. Ich denke, dass unsere lieben Verstorbenen immer bei uns sind, und uns helfen, uns behüten. Besonders in so einer Situation. Warum sollte man sonst in so einem Augenblick eine beruhigende Hand auf dem Kopf spüren? Genau dann, wenn man Trost benötigt.

Da ich gestern mein Enkelkind Levi-Leonidas (geboren am 17. Februar 2008) bei uns hatte, konnte ich nur sehr wenig aus deinem Buch lesen. Außerdem habe ich noch über Amazon das Buch „Phänomene und Kraft aus dem Jenseits" erhalten. In einem von den beiden Büchern hast du über dein Enkelkind geschrieben. Es sollte am 14. Februar 2008 geboren werden. Dies war auch der Termin für unser Enkelkind, jedoch kam der kleine Spatz etwas verspätet am 17. zur Welt. Ich möchte kurz berichten, wie es mit meiner Enkeltochter war, die am 15. August 2000 geboren wurde. Mein Sohn und meine Schwiegertochter teilten uns am heiligen Abend 1999 mit, dass wir Großeltern werden. Der Geburtstermin wurde vom Arzt auf den 15. August 2000 errechnet. Darauf freute ich mich sehr. Ich sagte: „Das ist ein wunderschöner Tag, es ist Maria Himmelfahrt und mein Onkel hat am 15. August 1947 die Priesterweihe empfangen. Meine Schwiegertochter sagte dann später, der Tag stimmt nicht. Der Arzt hatte einen neuen Termin ausgerechnet, es sollte der 12. August sein. Da habe ich die Muttergottes gebeten, dass unser Enkelkind, wenn es möglich ist, doch an IHREM Ehrentag geboren werden soll. Ich war mir nämlich sicher, dass diese Menschen unter dem besonderen Schutz der Gottesmutter stehen. Und was soll ich sagen? Unsere Zoe wurde am 15. August geboren. Dies ist ein Bericht von vielen, wo ich die Hilfe der Gottesmutter oder Gebetserhörung erfahren durfte. Da ich die Muttergottes so liebe, habe ich mich auch ganz besonders über die wundertätigen Medaillen gefreut.

In deiner Mail schreibst du, dass deine Mutti seit dem letzten Jahr in einem Pflegeheim lebt. Das tut mir sehr leid und ich hoffe und wünsche, dass es deiner Mutti dort gut geht. Das Pflegepersonal leistet in den Heimen noch immer hervorragende Arbeit, trotz der großen Anstrengung, die Tag für Tag von ihnen gefordert wird. Denn einen Menschen zu pflegen ist ein Akt der Nächstenliebe. Ich wünsche, dass bei deiner *Mutti* alles zu ihrem seelischen und körperlichem Wohl in der Pflege getan wird und sie trotz ihrer schweren Erkrankung noch einen schönen Lebensabend verbringen kann.

Gerne würde ich dir ein gesegnetes Tüchlein aus San Damiano für deine Mutti schicken. San Damiano ist ein Wallfahrtsort. Am 29. September 1961 erschien die Muttergottes dort einer einfachen Frau aus dem Dorf. Sie hieß Rosa Quattrini und wurde später nur noch Mamma Rosa genannt. Am 16. Oktober 1964 erschien die Muttergottes Rosa Quattrini zum ersten Mal in ihrem Garten über einem Birnbaum. An diesem Tag beginnt der große Auftrag von Mamma Rosa. Die heilige Jungfrau erschien ihr immer an einem Freitag, wie sie es versprochen hatte, bis zum Tod von Mamma Rosa 1981. Da sehr viele Menschen dort an den Erscheinungstagen Rosenduft wahrnahmen, nannte man den Ort auch „Rosengärtchen." Dort gibt es auch eine heilige Quelle und die Tüchlein werden auch heute noch von der Muttergottes gesegnet. In San Damiano war ich leider noch nicht. Gerne würde ich diesen Ort besuchen und den in der Nähe liegenden Ort, wo Pater Pio gelebt hat. Einige Bücher über die Erscheinungen, die Mamma Rosa hatte, habe ich gelesen. Es gibt auch kleine Bilder von dem Rosengärtchen mit einer Muttergottesstatue. Nun geschah folgendes: Mein Sohn und meine Schwiegertochter flogen 2004 nach Griechenland (meine Schwiegertochter ist Griechin). Da mein Sohn mir etwas aus dem Heimatland seiner Frau mitbringen wollte, brachte er mir genau diese Muttergottesstatue mit. Dazu muss ich noch erwähnen, dass ich mit keinem Wort den Ort San Damiano in Italien bei ihm erwähnt hatte. Auch haben mein Sohn und meine Schwiegertochter nie ein Bild der Muttergottesstatue bei mir gesehen. Meinen innigsten Wunsch, einmal nach San Damiano zu fahren, behielt ich für mich. Aus gesundheitlichen Gründen wäre eine Reise dorthin nicht möglich gewesen. Nun kannst du dir sicher vorstellen, wie erstaunt ich war, als ich das Geschenk auspackte. In Griechenland gibt es wie in jedem Urlaubsland viele Souvenirgeschäfte, in denen man landestypische Geschenke kaufen kann. Aber mein Sohn kaufte ausgerechnet die Muttergottesstatue von San Damiano, wo ich so gerne einmal hinreisen wollte. Wenn man bedenkt, dass es neben dieser Muttergottesstatue auch noch andere gibt, wie von Fatima, Lourdes, Paris Rue de Bac, ist es schon verwunderlich, dass er mir ausgerechnet diese von San Damiano mitgebracht hat. Als ich meinem Sohn und meiner Schwiegertochter davon erzählte und dann ein Bild zeigte von der Muttergottes aus dem Rosengärtchen, waren sie doch sehr erstaunt. Wenn du möchtest, dass ich dir ein San-Damiano-Tüchlein schicke, so sende mir deine Adresse.

Es war der 11. Juli 2007. Das Datum stimmt, es ist kein Druckfehler. Oma Ritas kleines Sternchen war noch unterwegs, es war noch nicht geboren. Ich hatte die Angewohnheit, dem noch ungeborenen Kleinen zu schreiben. Die Eltern haben dann meinen Brief dem kleinen Spatz vorgelesen. Und nun schreibe ich den Brief so ab, wie ich ihn am 11. Juli 2007 an mein kleines Sternchen geschrieben habe. Es hört sich alles wie ein Märchen an, aber es ist halt so passiert:

Liebes kleines Sternchen, heute ist etwas geschehen, was ich dir unbedingt erzählen muss. Deine lieben Eltern lesen dir gewiss den Brief vor. Es begann eigentlich schon letzte Woche. Ich glaube am Donnerstag, dem 5. Juli 2007. Ich habe mir überlegt, an dich, kleines Sternchen, meinen ersten Brief zu schreiben. Da ich wusste, dass dein Papa uns mit deiner Schwester Zoe am Samstag, dem 7. Juli 2007 besuchen wollte, habe ich mir gedacht, deiner Mama und deinem Papa die CD „Gute Nacht - Die schönsten Melodien zum Einschlafen" von Happy Baby mit meinem ersten Brief an dich zu schenken. Natürlich darf die CD auch Zoe hören, wenn sie möchte. Deine Mama konnte nicht zu uns kommen, da sie ganz viel arbeiten musste. Ja, nun kommt das, was ich erzählen wollte. Die CD habe ich vor einiger Zeit in Gelsenkirchen gesehen und da ich die Musik so wunderschön finde, habe ich sie gekauft. Da habe ich noch nichts von dir gewusst. Ich glaube es war im letzten Jahr zur Weihnachtszeit. Nun suchte ich die CD im ganzen Haus. Alle Schubladen, alle Schränke, alle Regale, mein CD-Fach, selbst unsere Musikanlage habe ich zur Seite geschoben. Ich habe das ganze Haus an allen möglichen und unmöglichen Stellen abgesucht. Jedoch die CD fand ich nicht mehr, sie war verschwunden. Es hat mich schon etwas traurig gemacht, als ich deinem Papa dann den ersten Brief an dich, kleines Sternchen, ohne die CD geben musste. Am Sonntag habe ich erneut eine Suchaktion durchgeführt - aber nichts, die CD schien für immer verschwunden. Nun kommt das Wunderbare: Deine Mama rief mich heute, Mittwoch den 11. Juli. 2007 an. Sie sagte, dass sie sich über den Brief sehr gefreut hat und ihn dir auch vorgelesen hat. Nun erzählte ich von der CD, die ich dir so gerne schenken wollte und nicht mehr finden konnte. Plötzlich stand ich auf, ging an mein CD Regal, nahm ganz spontan eine CD heraus, und was glaubst du kleines Sternchen, was ich in meiner Hand hielt? Genau, es war die für immer verschwunden geglaubte CD. Wenn ich so darüber nachdenke, kommt es mir vor, als wenn mich jemand dahin geführt hat. Vielleicht war es mein Schutzengel, vielleicht war es dein Schutzengel. Liebes Sternchen, grüße alle Schutzengel von mir und sage ihnen, deine

Oma Rita bedankt sich von ganzem Herzen. Wir haben dich lieb, unseren kleinen Sternenengel und wir freuen uns schon ganz riesig auf dich! Bis bald und träum süß, Gute Nacht! Deine Oma Rita.

Liebe Marlene, so war es mit der verschwundenen CD. Man kann sich das gar nicht vorstellen. Das ganze Haus wurde auf den Kopf gestellt. Und dann steht man auf, wird wie in Trance wohin geführt und hat das, was man an der gleichen Stelle bereits schon mehrfach gesucht hatte, in der Hand.

Nun schreibe ich dir einen Bericht und ich muss dazu erwähnen, dass ich noch mit niemandem darüber gesprochen habe. Das, was ich gesehen habe, war für mich so unglaublich, dass ich wirklich an meinem Verstand gezweifelt habe. Auch habe ich überlegt, ob dies durch irgendeine besondere Technik dort hineinproduziert wurde. Man kann ja heute vieles machen, wenn man sich mit der entsprechenden Technik auskennt. Sei es am Computer oder am Fernsehen. Nun will ich aber davon berichten: Es war im Jahr 2005. Es war der Weltjugendtag in Köln. Papst Benedikt hielt mit den Jugendlichen am 20.8.2005 am späten Abend die Vigil. Dies wurde auch im Fernsehen übertragen. Ich sah mir die Feier an. Dann, beim eucharistischen Segen, als der Papst die Monstranz mit der heiligen Eucharistie in die Hände nahm, ging der Filmaufnahmeleiter ganz nah auf die Hostie. Er machte eine Großaufnahme und die Hostie war sehr groß und klar zu sehen. Auf einmal sah ich Jesus in der Hostie. Er saß auf der linken Seite, er trug ein langes, weißes Gewand. Sein Gesicht sah ich im Profil, sein Haar war dunkel und es ging ihm bis zu den Schultern. Jesus sah genau so aus, wie wir ihn, als wir noch Kinder waren, oft auf kleinen Heiligenbildchen oder in den

Kindergebetbüchern gesehen haben. Ich kann gar nicht beschreiben, was ich in diesem Augenblick gefühlt habe. Man ist wie erstarrt. Als die Vigil zu Ende war, habe ich immer noch darüber nachgedacht. Wie kann ausgerechnet ich Jesus gesehen haben? Dann kamen die Überlegungen mit der Technik. Heute kann vieles vorgetäuscht werden. Ich versuchte, gar nicht mehr daran zu denken. Jedoch konnte ich dies nicht für immer aus meinem Kopf verbannen. Zwischendurch musste ich immer wieder daran denken, dass ich unseren Heiland gesehen habe. Ich war schon drauf und dran mich an das Fernsehen oder den Verlag „Maria Heute" (von dort erhalte ich monatlich eine Zeitschrift) zu wenden. Aber ich tat es dann doch nicht. Dann, es war Anfang Dezember hatte ich eine Mail von www.kathwahrheit.de in meinem Postfach. Ich habe sie zuerst gar nicht gelesen. Wochenlang lag sie unbeachtet von mir in meinem Postfach. Eines Tages las ich sie aber doch. Der Text war folgender: „In der Vigil vom 20.8.2005 am Weltjugendtag in Köln ereignete sich zweimal ein Hostienwunder. Dieses Bild zeigte sich bei der Anbetung des Allerheiligsten mit Papst Benedikt XVI. In der Übertragung des bayerischen Fernsehens nach 22 Uhr war es sichtbar. Das Bild zeigte Jesus als Jüngling. Er schaut über einer Wolke herab. Es war sehr gut zu sehen. Und ich habe Jesus klar und deutlich gesehen, dieses Bild habe ich immer noch vor Augen. Seit ich diesen Bericht gelesen habe, steht für mich persönlich fest, dass dies keine Sinnestäuschung von mir war. Vielleicht war Jesus öfter in diesem Moment zu sehen. Vielleicht war es dann immer ein anderes Bild. Auch hier erwähne ich nochmals, obwohl ich das schon des Öfteren getan habe: Alles was in meinem Bericht steht ist wahr, ich habe ihn nicht ausgeschmückt. So wie ich Jesus gesehen habe, auch meine Zweifel über die Echtheit und die spätere Mail, die ich erst 2009 gelesen habe, alles entspricht der Wahrheit. Vielleicht gibt es noch mehr Menschen, die das gesehen haben und die genauso verunsichert sind, wie ich es war. Die, genau wie ich, nicht darüber sprechen möchten. Wenn ich die Mail von der Fernsehübertragung nicht selbst gesehen hätte, so würde ich dir das heute auch nicht schreiben.

Jetzt zu meiner Enkeltochter Zoe, Sie ist 8 Jahre. Zoe weiß, dass ich Engel sehr gerne habe. Zu Weihnachten schenkte sie mir einen selbstgebastelten Engel und sagte: „Oma Rita, du hast doch Engel so gerne, darum habe ich dir einen gebastelt." Ja, ich habe mich sehr darüber gefreut. Und die Kleine freute sich auch. Zoe hat auch die Aufnahmen von meinem Wolkenengel gesehen. Letzte Woche schickte ich ihr ein Lesezeichen mit dem Wolkenengel und legte die zwei Engelkarten dazu. Sie fand sie sehr schön und freute sich sehr darüber. Nun erzählte sie mir gestern auf der Geburtstagsfeier folgendes: sie sagte: „Oma! Weißt du, was ich gesehen habe?" „Nein, Zoe", sagte ich, „erzähl mir was es war." Sie sagte: „Ich habe auch einen Engel gesehen!" „Wo hast du ihn gesehen?" fragte ich. Zoe antwortete: „Ich habe den Engel am Himmel gesehen und er war ganz aus Gold." Ich fragte: „Wo warst du, als du den Engel gesehen hast?" Zoe: sagte: „Das war in der Nähe wo ich zur Schule gehe." „Wie sah denn der Himmel aus?" fragte ich. Zoe sagte: „Es waren keine Wolken am Himmel", und sie betonte immer wieder, dass der goldene Engel so wunderschön war. Nach dem Gespräch mit ihr hatte ich ein Problem. Hatte Zoe tatsächlich einen Engel gesehen oder hat sie das nur erfunden, weil sie von den Engelkarten inspiriert wurde? Aber sie ist immer ein ehrliches Kind, und neigt auch nicht zu Übertreibungen. Ich habe nur zu ihr gesagt, „wenn *man so etwas sieht, ist das etwas sehr Schönes und ein wunderbares Geschenk von der anderen Seite." Ich habe auf keinen Fall versucht, dagegen zu arbeiten.*

Meine Schwägerin Jane ist Philippinin. Sie lebt seit 1988 in Deutschland. Ihre ganze Familie lebt in Manila. Eine ihrer Schwestern lebt mit ihren vier Jungs in Cotabato, das ist im Süden des Landes. Die Gegend dort ist sehr unruhig. Ihr Vater und ihr Bruder wurden dort getötet, daher war die Mutter oft in Manila bei ihrer Tochter. 1993 flogen meine Schwägerin, mein Bruder und ich für 5 Wochen in die Heimat von Jane. In Manila am Flughafen wurden wir mitten in der Nacht von der gesamten Familie in Empfang genommen. Mein Englisch war nicht sehr gut, aber ich konnte auch ohne Worte spüren, dass die Herzlichkeit, die man mir von allen Seiten entgegenbrachte, echt war. In den Wochen, die ich auf den Philippinen verbrachte, lernte ich erschreckende Armut und maßlosen Reichtum kennen. Meine Besorgnis über das Leben der Ärmsten teilte ich dann auch der Familie meiner Schwägerin mit. Janes Mutti nahm mich dann immer in den Arm. Ich beschloss, einem jungen Mädchen, das in der Familie als Kindermädchen arbeitete, eine Schulausbildung zu finanzieren. Die Mutti meiner Schwägerin liebte mich sehr. Vor allem meine blonden, lockigen Haare und meine blauen Augen hatten es ihr angetan. Sie nannte mich immer Puppa. Dies hat mir meine Schwägerin übersetzt. Janes Mutti, Processa Ramos, war nicht mehr die Jüngste, aber sie war so lieb und fürsorglich, dass man sich in ihrer Gegenwart wohlfühlen musste. Der Abschied nach fünf Wochen fiel uns allen sehr schwer. Ich bat sie noch, einmal zu uns nach Deutschland zu kommen, um sich alles bei uns zu Hause anzusehen.

Sie wollte immer alles ganz genau wissen, wie ich lebe. Unser Haus und den Garten musste ich ihr beschreiben. Ich war mir sicher, dass Mama Processa uns irgendwann in Deutschland besuchen würde. Aber es kam anders. Mama Processa wurde krank. Die Jahre vergingen, wir schickten uns Briefe, aber irgendwann kamen die Briefe nicht mehr an. Sie waren verschwunden. So blieb nur noch das Telefon. Meine Schwägerin telefonierte oft mit ihrer Mutti und immer fragte sie: „Was macht Rita?" Ich glaube, sie wäre gerne einmal nach Deutschland gekommen. Dann, es war letztes Jahr im September, bekam meine Schwägerin einen Anruf von ihrer Schwester. Sie teilte ihr mit, dass die Mutter verstorben ist. Das tat mir unendlich leid. Meine Schwägerin buchte gleich den nächsten Flug. Ich bestellte sofort in dem Wallfahrtsort Kevelaer für Mama Processa heilige Messen und Blumenschmuck sowie viele Kerzen, die angezündet werden sollten. Dann, eines Morgens, lag ich im Wohnzimmer auf dem Sofa. Es war noch sehr früh. Mein Mann war gerade aus dem Haus gegangen. Ich nahm mein Buch und wollte lesen. Jedoch war ich mit meinen Gedanken immer wieder bei Mama Processa, die so gerne einmal hierher kommen wollte. Ich hatte das Buch zur Seite gelegt und schloss die Augen. Plötzlich hörte ich Schritte, die durch den Raum gingen. Wir haben einen Laminat-Fußboden. Das Haus ist auch nicht unterkellert. Sofort dachte ich, dass Mama Processa nun doch noch gekommen ist, um zu schauen, wo Rita, ihre Puppa, lebt. Die Schritte habe ich so klar und deutlich gehört, wie ich sie immer höre, wenn einer von uns über den Laminatboden läuft. „Mama Processa", sagte ich, „schau dir unser Haus in Ruhe an". Mama Processa starb im Alter von 87 Jahren. Ich war froh und dankbar, dass ich dies erleben durfte und habe dies auch meiner Schwägerin mitgeteilt.

Auch Jane hatte mir etwas erzählt, was sich nach ihrer Rückkehr aus Manila in ihrem Haus ereignete. Sie hatte ja im letzten Herbst auf den Philippinen ihre Mutti beerdigt. Da geschah folgendes: Ihre Mutti war bis zum Tag der Beisetzung im Haus ihrer Tochter aufgebahrt. Dies ist auf den Philippinen Tradition. Die Mutter lag im offenen Sarg, damit jeder von ihr Abschied nehmen konnte. Als am Tag der Beisetzung der Bestatter ins Haus kam, um den Sarg zu schließen, sagte er zu den Angehörigen: „So etwas habe ich noch nicht gesehen. Der Gesichtsausdruck ihrer Mutter hat sich verändert, sie sieht so glücklich aus und lächelt." Jane, meine Schwägerin, hatte eine Erklärung: „Rita, meine Mutter war glücklich, dass ich gekommen bin. Da sehr viele Menschen zu ihrer Beerdigung angereist waren, konnten nicht alle im Haus meiner Schwester übernachten, wo meine Mama aufgebahrt war. Ich habe also mit meiner Nichte im Hotel übernachtet. Wir hatten eine kleine Lampe an und wir legten uns ins Bett. Dann sahen wir beide ganz plötzlich einen Schatten durch den Raum gehen. Ich bin mir ganz sicher, es war meine Mutti."

Auf den Philippinen ist es auch Tradition, dass man vor dem Haus Asche verstreut, wenn ein Familienmitglied stirbt. Dies wurde auch gemacht, als ihre Mutter starb. Am nächsten Morgen waren Schritte auf der Asche erkennbar, die in das Haus führten. Es heißt, die Verstorbenen kommen zurück, um zu sehen, ob alles in Ordnung ist. Dann geschah in dieser Nacht noch folgendes: Mein Neffe Dexter war mit seiner Frau und ihrem Baby aus Cotabato gekommen. Diese wohnten in dem Haus, in dem die Mutter aufgebahrt war. Bevor die Eltern des Babys zu Bett gingen, machten sie noch das Fläschchen für die Nacht fertig. Das Baby wurde nachts noch gefüttert. Dexter ging in die Küche, um das Fläschchen warm zu machen, aber es war leer. Dexter ging zum Bettchen seines Kindes, es schlief tief und fest. Er weckte seine Frau, um zu hören, ob sie das Baby bereits gefüttert hat, sie verneinte. Auch am nächsten Morgen fragte er die anderen, die im Haus übernachtet haben. Niemand ist in der Nacht aufgestanden, um dem Baby sein Fläschchen zu geben. Als Jane mir das so erzählte, sagte ich: „Sicher hat deine verstorbene Mutti dem Baby das Fläschchen gegeben." Jane meinte, das hätten auch die anderen gesagt, die mit im Haus übernachtet haben. Auch die Fußabdrücke, die zum Haus führten, waren ein Zeichen dafür, dass Mama Processa gekommen war, um dem Baby das Fläschchen zu geben.

Als Jane wieder zu Hause in Deutschland war, geschah folgendes: Jane hatte sich einen philippinischen Fächer mitgebracht. Mein Bruder holte einen Nagel und einen Hammer, damit er ihn aufhängen konnte. Als er den Nagel in die Wand schlug, gab es einen mächtigen, lauten Knall. Jane behauptete, der Knall habe sich angehört wie eine explodierende Bombe. Dies wiederholte sich mehrmals. Selbst mein Bruder, der absolut kein ängstlicher Typ ist, stutzte. Beide gingen in die untere Wohnung, wo unsere Mutti wohnt. Sie dachten „vielleicht ist da etwas heruntergefallen oder umgekippt". Aber bei unserer Mutti war alles in Ordnung. Sie gingen nach oben, schauten überall nach, dann im nächsten Stockwerk, es gab nichts zu sehen, was diesen heftigen Knall hätte erklären können. Jane sagte dann ganz plötzlich: „Das war meine Mutti, denn bei uns auf den Philippinen darf man bis acht Wochen nach dem Tod eines Angehörigen keine Handwerksarbeiten verrichten. Sicher wollte sie mich so darauf aufmerksam machen.

Michaela schrieb:

Marlene, nun komme ich schon wieder mit einem Problem zu dir, aber ich weiß mir da leider keinen Rat mehr, es geht um Jana. Ich habe dir ja bereits berichtet, dass Jana nicht nur meine Mutter und Oma, sondern auch andere Geistwesen sehen kann. Am Anfang trug sie es mit Fassung, aber es wird nun so heftig, dass sie in letzter Zeit vollkommen verstört ist und sich nicht mehr alleine ins Bett wagt. Sobald sie alleine in ihrem Zimmer ist und sie ins Bett geht, kommen diese für sie beängstigenden Geistwesen, die alle mit ihr Kontakt aufnehmen möchten. Sie weiß nicht, wer das ist, sie hat sie nie gesehen, doch sie starren sie fast immer nur an. Eine Frau sei rothaarig und ab und zu bringe sie einen Mann mit. Beide sehen sie an, lächeln nicht, sondern sind ernst und sie sagt, dass sie ihr oftmals über den Kopf streicheln. Es sei dann wie ein Windzug. Jana geht dann schnell unter die Bettdecke und sagt, sie sollen weggehen. Doch sie starren sie weiterhin an. Meistens kommt sie dann zu meiner Schwester und zittert vor Angst am ganzen Körper. Meine Schwester nimmt sie dann mit zu sich ins Bett, doch das ist ja auch kein Dauerzustand. Heute Abend sei wieder jemand über ihr Bett gehuscht. Dieser Mann hatte eine sehr große Nase und hätte sie sehr böse angeschaut. Ich habe ihr gesagt, dass sie bestimmt nichts Böses von ihr wollen und habe ihr vorgeschlagen, meine Mutter um Hilfe zu bitten. Das hat sie dann auch getan. Meine verstorbene Mutter sagte ihr, sie wüsste nicht, wer sie da abends besuchen würde, aber sie würde nun drauf achten. Jana sagte mir auch, dass meine Mutter ihr noch einmal das Haus gezeigt habe, in dem sie leben würde. Der Garten sei wunderschön und voller blühender Blumen. Nebenan würde Mamas Mutter wohnen. Das nur nebenbei. Ich bin jetzt doch ein wenig schockiert und weiß nicht mit der Situation umzugehen. Jana sagte mir heute, dass sie diese Gabe nicht mehr haben will und dass sie jeden beneidet, der diese Gabe nicht hat. Sie würde gerne mit mir tauschen. Marlene, du hast so viel Erfahrung mit diesen Dingen, vielleicht kannst du mir da weiterhelfen.

Meine Antwort: Es tut mir sehr leid, dass sich die geistige Welt um Jana immer mehr ausbreitet. Verstorbene suchen den Kontakt zu ihr, weil sie wissen, dass sie ein Medium ist. Genau das Gleiche ist auch mir passiert. Ich sah ganz plötzlich Dinge und Wesen, die ich nicht kannte und wollte es plötzlich auch nicht mehr. Am Anfang war es außerordentlich spannend für mich, aber ganz plötzlich wurde es mir zu viel. Jeden Abend lag ich bereits wach im Bett, in der Erwartung, was nun wieder passieren würde. Wer zeigt sich mir heute Abend? usw. Es kamen mit der Zeit nicht nur Freunde, sondern auch Foppgeister, die sich köstlich amüsierten, mir Dinge zu zeigen, die keinen Sinn ergaben. Ich sprach mit dem Medium John Olford. Ich sagte, dass mir das Ganze langsam zu viel wird. Er meinte, wo Positives ist, ist auch Negatives. „Diese Wesen sind immer da, nur kann sie nicht jeder sehen." Das sei auch bei ihm der Fall. Man kann es aber abstellen. In dem Moment, wenn Jana ein trauriges Wesen sieht, soll sie für es beten, dann kommen sie meistens auch nicht mehr. Sie soll einen Engel bitten, diese Seele mit ins Licht zu nehmen. Aber bei einem kleinen Mädchen, das Angst entwickelt, ist das vielleicht nicht so einfach. Ich kann dir nur sagen, wie ich das Ganze beendet habe. Jeden Abend, wenn ich zu Bett gehe bete ich: „Lieber Gott, bitte öffne meinen Kanal nur für das Göttliche. Schließe meinen Kanal für alle negativen Energien." Foppgeister, welche noch erdgebunden sind, machen sich einen Spaß daraus, die Menschen zu ärgern. Ich habe auch dazu gehört. Eigentlich wollte ich nicht darüber schreiben, um den Menschen keine Angst zu machen, aber vielleicht ist es doch ein Thema, über das man die Menschen aufklären sollte und auch sagen muss, wie man das Ganze beenden kann. Seit ich dieses Gebet spreche, hatte ich keine negativen Erlebnisse mehr. Außerdem habe ich das ganze Haus ausgeräuchert und Weihwasser in jedem Zimmer verteilt. Gehe in einen Esoterikladen und kaufe dir eine Räuchermischung, um das Haus von negativen Energien zu reinigen. Mache das vier Mal und das jede Woche, anschließend musst du die Fenster öffnen. Es wird dann ganz bestimmt viel, viel besser. Bei mir hat es auf jeden Fall geholfen.

Ich umarme dich und Jana. Sage Jana von mir, sie soll keine Angst haben, vor den Verstorbenen muss man keine Angst haben, denn von ihnen geht keine Gefahr aus. Erkläre ihr, dass ich das Gleiche erlebt habe und das es besser geworden ist. Ich sehe jetzt nur noch Positives und auch nur das, was angenehm für mich ist.

Es gibt ein sehr gutes Buch von Mary Ann Winkowsky es heißt: „Mit Geistern reden." Da steht sehr viel darüber drin, wie man die negativen Energien wieder los wird.

Rita B. schrieb:
Morgens um 8 Uhr ging mein Telefon. Es war meine Zwillingsschwester Margret. Sie berichtete mir völlig aufgelöst, dass der Lebensgefährte ihrer Schwiegermutter in der Früh von den Nachbarn tot in der Küche liegend aufgefunden wurde. Das Problem ist, dass die Schwiegermutter in Niedersachen lebt und im Herbst letzten Jahres zwei Schlaganfälle erlitten hat. Sie war nach der Entlassung aus dem

Krankenhaus kurzfristig in einem Pflegeheim. Als ihr Zustand es erlaubte, wurde sie nach Hause entlassen. Die Pflege übernahm der Lebensgefährte. Nun kam die Frage auf, wer versorgt ab sofort die Schwiegermutter? Ich versprach ihr, mir Gedanken zu machen, wie ich helfen kann. Die Zeit drängte. Am Freitagmorgen fuhren beide ganz früh nach Niedersachen, um die Schwiegermutter zu holen. So in Gedanken sagte ich immer wieder: „Liebe Muttergottes hilf". Es war eigentlich kein bewusstes Gebet, nur zwischendurch dachte ich immer wieder an die Muttergottes. Dann, gegen 9 Uhr morgens, rief ich meine Schwägerin aus Linz an. Jane ist Altenpflegerin im Linzer Pflegeheim. Meine Schwägerin wusste noch nichts von dem, was vorgefallen war. Nun fragte ich Jane: „Ist nicht bei euch ein Pflegeplatz frei?" Jane versprach mir, sich sofort mit ihrem Arbeitgeber im Pflegeheim in Verbindung zu setzten. Eigentlich glaubte ich nicht daran, dass wir Erfolg haben. Denn sehr viele alte und kranke Menschen warten bereits seit Jahren auf einen guten Pflegeplatz. Nach gut zehn Minuten kam schon der Rückruf von Jane. Sie sagte: „Rita, wir haben Glück, gestern wurde ein Pflegeplatz unerwartet frei." Bereits am gleichen Tag brachten sie die Mutter dann dort hin. Meine Schwägerin Jane war noch im Dienst und konnte sich deshalb um die Dame kümmern. Ich bin mir sicher, dass die Muttergottes geholfen hat. Es ist ja wirklich sehr schwierig einen Pflegeplatz zu bekommen. Hinzu kommt, dass alles an einem Tag erfolgen musste. Es ist ein beglückendes Gefühl zu wissen, dass die Muttergottes immer hilft, wenn man mit einer Bitte zu ihr kommt!

Ich habe gerade deine Mail gelesen und möchte auch, wenn es schon spät ist, noch schnell antworten. Da du im Augenblick so große Sorgen um deine Mutti hast, wollte ich dir den Wolkenengel nicht gleich schicken. Morgen mache ich den Brief fertig. Du musst mir auch nicht sofort antworten. Die Engelkarte liegt schon hier auf meinem Schreibtisch. Was ich an deinem vorletzten Brief so toll fand, ist das, was du auch in deinen Büchern immer wieder geschrieben hast, nämlich dass dir immer Federn auf die Kleidung, auf deinem Weg oder auf die Tasche fallen. Und dass du die Federn so gut wie überall finden kannst. Schicken deine Schutzengel dir die Federn? Oder sind sie von Verstorbenen, die du gekannt hast? Als ich die ersten Berichte über die Federn gelesen hatte, die auf deinem Weg lagen, war ich irgendwann in unserem Garten, da habe ich auch Federn gesehen! Aber wir haben viele Vögel bei uns, die dort ihre Nester bauen. Erst war ich sehr erfreut und später dachte ich, nein, das hier ist anders. Diese Federn sind nicht so wie bei Marlene geschickt worden. Sie waren wirklich von den Vögeln, die sich in unserem Garten aufhalten. Was machst du mit all den Federn? Sammelst du sie? Und wenn du jetzt so große Sorgen hast, siehst oder hörst du dann deinen Schutzengel, der dir Rat und Trost spendet? Entschuldige meine Neugier, es interessiert mich sehr. Du schreibst ja, dass du oft die Nähe deines Schutzengels fühlst. Manchmal denke ich, wenn mir das so ergehen würde, ich glaube, dann könnte ich alles ertragen. Wenn die Federn von deinem Engel geschickt werden, darfst du sie dann verschenken? Wenn ja, würdest du mir eine Feder schicken? Ich hätte dann das Gefühl, ein Stückchen vom Himmel in meinen Händen zu halten. Ich würde sie sehr gut aufbewahren und wenn ich mal nicht mehr hier sein werde, so würde ich sie meinem Sohn Stefan schenken. Mein Sohn würde diese Feder dann an seine Kinder weiter geben. Nun mache ich aber Schluss, ganz liebe Grüße auch an deine Mutti. Ihr wünsche ich, dass alles gut wird und die Muttergottes

ihr ganz viel himmlische Hilfe senden mag. Gestern um 13:09 Uhr habe ich ein Gebetsanliegen über das Internet nach Lourdes gesandt. Diese werden jeden Abend in die Erscheinungsgrotte bei der Heiligen Messe der Muttergottes zu Füßen gelegt.
Rita

Ich schrieb an Rita:
Du hast wirklich sehr viel erlebt. Ich war gestern den ganzen Tag furchtbar krank. Ich dachte, das Leben ist eigentlich sehr schwer, man muss so viel mitmachen. Ich war auch traurig, weil mein Lebensgefährte in der Zeitung, für die ich jetzt schreibe, noch nicht einmal die Berichte ansehen wollte, die von mir waren. Er findet, dass ich damit nur im Mittelpunkt stehen will. Ich aber meine, man kann auf diese Weise ein wenig die Welt verändern. Ich schreibe ja meistens über soziale Dinge wie Menschen in Not, Spenden für das örtliche Tierheim oder die Memminger Tafel. Als ich so traurig war, stand gestern Nacht mein verstorbener Freund im Raum. Viel zu kurz, und ich sagte, warum verschwindest du immer so schnell, ich möchte doch mit dir reden! Trotzdem war das ein kleiner Trost für mich. Rita, du bist ein ganz besonderer Mensch. Ich danke dir ganz herzlich, dass so viele schöne Berichte von dir kamen. Ich werde dir die Federn schicken, die ich bereits erhalten habe. Man sagt, weiße Federn kommen von den Engeln. Meine sind immer weiß. Ich spüre die Kraft um mich herum, ich erhalte auch die Eingaben beim Schreiben. Am Schluss, wenn das Buch zu Ende ist, dann lese ich ja durch, um die Fehler zu korrigieren, dann muss ich manchmal weinen, weil ich nicht weiß, woher das alles kommt. Jedes Mal wenn ich anfange zu schreiben, lade ich den Engel Gabriel ein. Er ist der Engel der Schriftsteller und der Redner. Heute, als ich mich an den Computer setzte, um zu schreiben, und meinen

Engel einlud, mir dabei zu helfen, wurde ich wieder gestreichelt. Wenn ich Vorträge halten muss, dann weiß ich vorher gar nichts. Kurz vorher sage ich deshalb immer, „bitte Engel Gabriel geh du mit mir und gib mir die richtigen Worte im richtigen Augenblick." Ich weiß dann auch nicht, was passiert. Die Angst ist weg und ich rede, als hätte ich alles auswendig gelernt. Alles sprudelt nur so aus mir heraus. Aber am Schluss kann ich dir nicht sagen, was ich gesprochen habe. Es ist etwas, was man wirklich nicht erklären kann.

Als ich heute früh bei meiner Mama im Pflegeheim war, ging es ihr furchtbar schlecht. Ich ging anschließend in die Kirche und habe zur Muttergottes gebetet. Als ich dann abends im Pflegeheim anrief und mich nach meiner Mama erkundigte, sagte mir die Schwester, „ihrer Mama geht es doch nicht schlecht, sie hat den ganzen Abend mit mir gelacht und wollte auch fernsehen." Kein Gebet an unsere Mutter Maria ist umsonst. Sie hilft immer in großer Not! Und danke, für die Gebete!

Karin B. schrieb:
Ich muss dir berichten, wie unser Heiland Jesus Christus meine Bitte erhört hat: Es war im Jahr 2004. Meine Schwiegermutter litt seit Jahren an einer chronischen Lebererkrankung. Diese hatte sich im Laufe der Jahre zu einer Leberzirrhose entwickelt. In den letzten drei Jahren ihres Lebens musste sie immer wieder stationär behandelt werden. Viele Bluttransfusionen wurden bei ihr gemacht. Die Familie meines Mannes sind Protestanten, mein Mann selbst ist als junger Mann aus der Kirche ausgetreten. Mein Mann geht zwar mit mir in die Kirche und hat mit mir auch Wallfahrtsorte besucht. Er fuhr mit mir nach Lourdes, aber nur mir zu liebe, sagt er. Meinen

Schwiegereltern brachte ich von der Gnadenquelle in Lourdes heiliges, geweihtes Wasser mit. Der Schwiegermutter schenkte ich einen Rosenkranz, dieser wurde vor der Erscheinungsgrotte geweiht und ein Heft, wo sie alles über Lourdes nachlesen konnte. Sie nahm alles dankend an und ich hatte den Eindruck, dass es ihr wirklich große Freude bereitet hat. Vor allem hat sie die Ereignisse von Lourdes sehr beeindruckt. Nun wurde meine Schwiegermutter am 3.2.04 als Notfall ins Krankenhaus eingewiesen. Ihr Zustand war sehr schlecht. Sie hatte Wasser in den Lungen und im Bauchraum. Nach einer Woche kam noch ein Magendurchbruch dazu und meine Schwiegermutter lag nach der Operation drei Tage lang auf der Intensivstation. Ihr Zustand besserte sich leider nicht. In der Klinik gab es eine Krankenhauskapelle, die man von der Krankenstation aus erreichen konnte. Das war zwar etwas seltsam, aber auch sehr schön, dass es zwischen den Krankenzimmern eine Tür gab, die zur Kapelle führte. Bei jedem Besuch ging ich mit meinem Mann dort hin, um zu beten und Kerzen anzuzünden. Die Schwester meines Mannes und mein Schwiegervater wollten das aber nicht. Als ich meinen Mann einmal fragte, ob er in der Kapelle ebenso wie ich für seine Mutter betet, sagte er nur: „Nein, ich bete nicht, das habe ich nie getan." Es tat mir schrecklich weh, dies zu hören und auch zu sehen, dass niemand ein Gebet für die Mutter sprach. Am Tag danach nahm ich eine geweihte, wundertätige Medaille mit und etwas Weihwasser. Meine Schwägerin, die auch im Krankenhaus war, fragte ich, ob ich ihrer Mutter die Medaille umlegen darf. Sie sagte ja. Als ich etwas später alleine im Krankenzimmer war, machte ich noch ein Kreuzzeichen mit dem Weihwasser auf die Stirn meiner Schwiegermutter und sprach leise ein Gebet. Am Donnerstag, den 19.2.2004, es war gegen 15:30

Uhr, teilten uns die Ärzte telefonisch mit, dass es mit ihr zu Ende gehen würde. Mein Mann und ich fuhren sofort ins Krankenhaus. Meine Schwiegermutter lag schon im Sterbezimmer. Alle waren bereits um ihr Sterbebett versammelt. Wieder hatte ich das Gefühl, dass im Angesicht des nahen Todes niemand ein Gebet sprach. Es wurde im Flüsterton gesprochen, es wurde gejammert und über alles Mögliche gesprochen. Ich nahm mein Büchlein von der heiligen Faustina und betete still den Barmherzigkeits-Rosenkranz. Jesus sagte ja zur heiligen Faustina: „Wird der Rosenkranz bei einem Sterbenden gebetet, wird Gott verzeihen und der Sterbende empfängt eine unermessliche Barmherzigkeit". Danach machte ich noch ein Kreuz mit Weihwasser auf die Stirn meiner Schwiegermutter. Ich betete: „Lieber Heiland, gib mir ein Zeichen, dass ich erfahre das DU mein Gebet für meine Schwiegermutter angenommen hast." Mittlerweile war es bereits 19 Uhr, ihr Zustand hatte sich nicht verschlimmert. Wir fuhren also nach Hause und ich wollte später noch einmal ins Krankenhaus, um nach ihr zu sehen. Meine Schwägerin blieb bei ihrer Mutter. Um 23:30 Uhr war ich wieder im Krankenhaus, ihr Zustand war unverändert. Die Atemgeräusche waren gleichmäßig und kräftig. Meine Schwägerin und ich unterhielten uns leise, zwischendurch herrschte Stille im Zimmer. Ich wollte sie erst um ein gemeinsames Gebet für ihre Mutter bitten, aber ich wagte es nicht. So vertraute ich weiterhin auf unseren Heiland und die Muttergottes, dass sie das Rosenkranzgebet, die angezündeten Kerzen und die Gebete für die Schwiegermutter angenommen haben. Nach Mitternacht änderte sich das Atemgeräusch, es war flach und kaum noch hörbar. Ich holte die Nachtschwester und nach 5 Minuten war meine Schwiegermutter ohne Kampf friedlich eingeschlafen. Ich betete zu Gott und der Mutter Maria. Mein

Schwiegervater, mein Mann und mein Schwager waren in der Zwischenzeit auch wieder eingetroffen. Die Nachtschwester brachte ein Kreuz und zündete eine Kerze an. Wieder hatte ich das Gefühl, dass niemand für die Verstorbene betete. Ich ging zu meinem Schwager und fragte: „Wollen wir nicht gemeinsam ein „Vater unser", für die Verstorbene beten?" Er antwortete etwas peinlich berührt: „Ach, das kann jeder für sich machen!" Mir kamen die Tränen und ich stellte mich ganz nach hinten in den Raum, damit niemand sie sehen konnte. Plötzlich trat meine Schwägerin an das Bett ihrer Mutter, nahm ihre Hand und betete laut das Vater unser. Damit hatte ich nie gerechnet! Da wusste ich, das war das Zeichen, um das ich Jesus gebeten hatte.

Liebe Marlene, es ist schon traurig, wenn man das Gefühl hat, dass die Angehörigen für den Kranken oder für den Verstorbenen nicht beten. Dies kann ich auch nur von meinem Gefühl her sagen. Niemand von uns kann in das Herz eines anderen Menschen schauen. Vielleicht haben sie alle gebetet, haben auch mehr gebetet als ich. Wenn das so ist, so möchte ich mich von ganzem Herzen entschuldigen und bitte um Verzeihung.

Petra schrieb:
ich habe etwas auf dem Herzen und würde dich gerne mal fragen wie du darüber denkst. Ich weiß zwar, dass mein Bruder jetzt nach seinem Tod andere Aufgaben hat, aber könnte es sein, dass er manchmal bei uns ist? Ich finde sonst keine andere Erklärung für das, was passiert.

Wie ich dir ja bereits schrieb, haben wir vor zwei Jahren eine Straßenkatze aufgenommen und ich glaube noch immer, dass mein Bruder sie uns geschickt hat, denn es stellte sich heraus das sie sehr krank ist. Vielleicht wollte er, dass sie noch ein paar schöne Jahre hat. Mit dir kann ich zum Glück offen darüber reden, ohne für verrückt gehalten zu werden. Aber nun zu meiner Frage, es geht um diese Katze. Und zwar ist es schon öfters passiert, dass Lady, so heißt die Katze, bei uns auf der Couch liegt und schläft. Wie aus heiterem Himmel springt sie dann ganz plötzlich auf, wie soll ich es dir beschreiben, mit allen vier Pfoten in die Luft, so als ob man jemanden wecken würde, der sich dann erschreckt. Ich weiß, das hört sich etwas komisch an, aber ich kann es nicht besser erklären. Und dann schaut sie ganz verdattert drein, als wenn sie sagen wollte, was ist denn jetzt los? Sie schaut sich dann auch immer so um, als könnte sie nicht verstehen, wer sie gestört hat. Mein Bruder kannte, wie gesagt, diese Katze nicht, aber könnte er versuchen mit ihrer Hilfe uns zu verstehen zu geben, dass er noch immer bei uns ist? Seit ich deine Bücher lese und mit dir schon viel darüber gesprochen habe, hinterfrage ich jede Kleinigkeit, die ich mir nicht erklären kann. Das habe ich früher nicht getan, aber ich möchte auch nicht ein noch so kleines Teil verpassen, falls mein Bruder sich bei uns meldet. Ich hoffe du verstehst das und ich freue mich schon so sehr auf dein nächstes Buch und was dir wieder Schönes mit den Jenseitswelten passiert ist.

Meine Antwort:
Ich vermute, dass diese Katze wie die meisten Katzen hellsichtig ist. Meine Katze fängt auch immer an, mit für andere unsichtbaren Personen, zu spielen. Dann weiß ich immer ganz genau es ist wieder jemand da, den sie in dem Moment sieht - ich in dem Moment aber leider nicht. Aber es ist immer positive Energie. Ich bin mir sicher, es ist dein Bruder. Tiere haben ein

viel besseres Gespür, als wir Menschen und du kannst dich auf sie verlassen.

Freue dich, dass du nun jemanden hast, der dir ankündigt, wenn dein Bruder im Raum ist. Ich mache manchmal auch so Experimente. Wenn ich spüre, es ist jemand im Raum, dann sage ich, derjenige soll mit meinem Kater Franzi spielen. Kurz darauf sitzt er dann auf den Hinterpfoten und spielt, als würde ihm jemand einen Faden hinhalten. Das ist keine Einbildung, Tiere haben diesen sechsten Sinn oder diese Gabe Jenseitige zu sehen.

Jerica lernte ich durch meine Bücher kennen. Sie schrieb mir so wunderschöne Karten und bedankte sich bei mir, dass ihr meine Bücher so viel Trost gebracht hatten. Ich rief sie an und wir verstanden uns sofort. Jerica hat in ihrem Leben viel mitgemacht. Sie hat ihren Mann durch einen furchtbaren Arbeitsunfall verloren. Er hat bei einer Autofirma gearbeitet, wurde dort von einer Maschine eingeklemmt und verstarb sofort. Für Jerica gab es kein Abschiednehmen, er ging morgens aus dem Haus und kam am Abend nicht mehr zurück. Obwohl sein Tod schon einige Jahre zurücklag, konnte Jerica ihren Mann nicht vergessen. Ganz schlimm war, dass sie sich nach seinem Tod so wertlos fühlte. Sie sagte immer zu mir: „Marlene, ich bin ein so unwichtiger Mensch und nun gebe ich noch die Rente von meinem verstorbenen Mann aus, ist das nicht furchtbar?" Aber genau das Gegenteil ist der Fall, selten, dass es so wunderbare Menschen wie Jerica überhaupt noch gibt. Sie ist ein Mensch, der nicht von seinem Ego gesteuert wird, sondern immer zuerst an andere Menschen denkt. Das macht sie so wertvoll. Sie hat mir sehr viel geschrieben unter anderem auch folgende Berichte:

Bevor mein Mann starb, hatte ich immer wieder Warnträume. Aber sie haben mir nichts gebracht, ich konnte seinen Tod trotzdem nicht verhindern. Aber vielleicht hat mich die andere Seite darauf vorbereiten wollen. Ich träumte zwei Jahre immer wieder den gleichen Traum. Ich sah mich und meine ganze Familie schwarz gekleidet an einem Grab stehen, nur die einzige Person, die nicht dabei stand, war mein Mann. Scheinbar habe ich immer wieder seine Beerdigung gesehen. Außerdem habe ich vor seinem Tod immer geträumt, mir fallen alle Haare aus, im Traum sah ich mich immer mit Glatze. Vielleicht sollte das bedeuten, dass mir vor Kummer die Haare ausfallen werden. Nachdem mein Mann dann verstorben war, kamen diese Träume nicht mehr vor. Aber dafür leider der furchtbare Schmerz, etwas ganz wertvolles verloren zu haben. Noch immer fühle ich mich einsam und habe mich von den Menschen abgegrenzt. Aber ich bin mir sicher, dass mein Mann von seiner Mutter abgeholt wurde. Noch in der Nacht vor seinem Tod habe ich von seiner Mutter geträumt. Sie schaute mich mit ganz traurigen Augen an, als wollte sie mir etwas Trauriges mitteilen. Auch mein Mann hatte Vorahnungen. Er träumte immer wieder seinen eigenen Tod. Er erzählte mir immer wieder, dass er diese ständigen Albträume hätte, dass die Anlage defekt sei und er eingeklemmt würde. Dass er früh sterben würde, das wusste er bereits seit langem. Er sprach immer wieder darüber, dass er sehr früh gehen müsse. Leider behielt er Recht. Nach seinem Tod hatte ich noch einmal einen Traum. Dieses Mal sah ich meinen Mann ganz glücklich mit seiner Mutter Hand in Hand bei einem Spaziergang. Sie sahen sich an wie zwei Verliebte und waren sehr glücklich. Mein Mann liebte seine Mutter abgöttisch, nun waren sie wieder vereint. Mein Mann ist nun fünf Jahre auf der anderen Seite, aber ich habe ihn keinen Tag *losgelassen. Ich habe auch nie mehr einen anderen Mann auch nur angesehen. Ich bin und werde immer seine Frau bleiben. Und ich bin mir sicher, er wird der erste sein, der mich nach meinem Tod abholen wird.*

Es fing an, als mein Mann zwei Jahre tot war. Fast jede Nacht kam eine unsichtbare Kraft, eine Energie, die mich so fest umarmte, dass es fast wehtat. Oft wurde ich wach, weil ich das Gefühl hatte, jemand hat mich an der Hand gezogen. Ich konnte direkt sehen, wie meine Hand von einer unsichtbaren Energie von mir weggezogen wurde, so als wenn jemand sagte, nun komm schon, ich will dich mitnehmen. Meistens geschah es an meinen Geburtstagen. Mein Mann starb neun Tage nach meinem Geburtstag und ein paar Tage vor seinem Tod sagte er noch: „Jerica, ich möchte, dass du mich ewig liebst, egal was passiert."

Auch unser Hund reagierte seltsam nach dem Tod meines Mannes. Er schaute auf sein Bild, jaulte es an und dann fixierte er immer den gleichen Punkt und weinte herzzerreißend, als würde mein Mann da stehen, denn er ließ den einen Punkt nicht aus den Augen. Das passierte sehr oft.

Mein Mann war ein sehr lustiger Mensch. Er machte sich immer einen Spaß daraus, uns ein Bein zu stellen. Dann freute er sich, wenn wir gestolpert sind. Es ist eigentlich nie etwas passiert. Auch nach seinem Tod, passierte das Gleiche. Immer wieder stolperte ich, ich sah kein Hindernis, wie aus dem Nichts fiel ich dann der Länge nach hin. Auch bei seiner Beerdigung stolperten meine Tochter und ich ohne Grund. War er noch immer bei uns und wollte uns das noch zeigen?

Als ich dann nach dem Tod meines Mannes in der Leichenhalle war, nahm ich einen sonderbaren

Geruch wahr. Auch als ich wieder nach Hause kam, war dieser Geruch im Raum. Ab da konnte ich immer bereits vorher riechen, wenn jemand sterben musste. Meine Tante fuhr mit uns im Auto. Ich dachte ständig, ist das ein komischer Geruch, den ich da wahrnehme, zwei Wochen später starb meine Tante völlig unerwartet, mit 55 Jahren.

In meinen Träumen habe ich immer sehr viel erfahren. Ich habe auch einen fürchterlichen Verkehrsunfall vorausgesehen, der sich dann tatsächlich so ereignet hat. Mehrere Personen sind bei dem Unfall ums Leben gekommen.

Kurz bevor mein Vater starb, konnte ich sein Gesicht am Himmel in den Sternen sehen und immer wieder sah ich eine Kirche, deren Kirchturm in den Himmel ragte und immer wieder war das Gesicht meines Vaters zu sehen, bis er ein paar Tage später, am 18.12.1991 starb. Manchmal fühlte ich mich sogar schuldig, ich fange an zu träumen und kurze Zeit später passiert etwas Furchtbares.

Du sammelst Beweise für ein Leben nach dem Tod aber bei mir sind es immer nur Zeichen vor dem Tod. Mein verstorbener Mann hatte auch einige übersinnliche Dinge erlebt, die er sich nie erklären konnte. Er hatte mir berichtet, dass er als 14-jähriger Junge im Wachzustand ganz plötzlich gesehen hat, wie sein Onkel ermordet wurde. Er hat sich so erschrocken, dass er nach seiner Mutter rief. Als diese kam, sah er neben seiner Mutter eine Frau stehen, die ihre Hände zum Gebet zusammen gefaltet hatte. Er hatte sich furchtbar geängstigt und seiner Mama davon berichtet. Von der Frau, die an ihrer Seite war und für den ermordeten Onkel betete, aber die Mutter lachte ihn nur aus. „Kind, du hast sicher nur schlecht geträumt", sagte sie zu ihm. Aber es war tatsächlich kein Traum, denn eine halbe Stunde später kam die Nachricht durch die Polizei, dass man seinen Onkel ermordet auf einer Baustelle aufgefunden hat. Der Mörder wurde nie gefunden. Vielleicht hat die schwarz gekleidete, trauernde Dame für den Täter gebetet.

Meine Schwägerin wurde nie von ihrer Mutter geliebt, deshalb hat sie auch sehr früh das Elternhaus verlassen und geheiratet. Ihr erster Mann starb sehr früh an einem Gehirntumor. Als ihre Mutter dann starb wurde Daniela in dem Testament nicht bedacht, alles wurde bereits vor dem Tod ihrer Mutter unter allen anderen Geschwistern verteilt, nur sie ging leer aus. Aber Daniela machte sich nichts daraus, denn sie wusste ja, dass sie von ihrer Mutter nie geliebt wurde, sie war nur so ein ungewollter Nachzügler. Aber nach dem Tod ihrer Mutter träumte Daniela immer wieder den gleichen Traum: Ihre Mutter kam jede Nacht zu ihr und bat sie inständig um Verzeihung. Daniela konnte tatsächlich ihre Stimme hören, die sie immer wieder um Vergebung bat. Daniela sagte: „Mama, mach dir keine Sorgen, ich werde dir verzeihen!" Als sie das gesagt hatte, konnte sie sehen, wie sich aus dem Grab ihrer Mutter ein weiß-blauer Lichtstrahl verflüchtigte. Von dem Tag an hat sie nie mehr von ihrer unglücklichen Mutter geträumt.

Jericas Großmutter starb am 11.7.1987. Genau an diesem Tag klingelte es bei ihr an der Haustüre, aber sie konnte niemanden sehen. Das Klingeln hörte nicht mehr auf, Jerica, war sehr wütend. Irgendwann hörte es dann doch auf zu klingeln. Gegen 22 Uhr rief ihre Mutter an und berichtete ihr, dass ihre Großmutter gestorben sei, genau zu der Uhrzeit, als es bei ihr an der Haustüre unaufhörlich klingelte. Ihre Großmutter hatte einen wunderschönen Tod. Sie saß bis abends auf ihrer Bank im Garten und wollte dann zu Bett gehen. Ihre Tochter, Jericas Mutter, brachte sie zu Bett. Plötzlich sagte sie zu ihrer Tochter: „Kannst du auch die wunderschöne Musik hören, es hört sich an wie ein Engelchor?" Kurz darauf schlief sie für immer ein. Wurde sie von Engeln abgeholt? Ganz genau so ist auch ihr Großvater gestorben. Auch er sprach von wunderschöner, göttlicher Musik, die er kurz vor seinem Tod hören konnte.

Als mein Nachbar starb, passierte folgendes: seine Töchter baten mich, so lange sie im Urlaub sind, ein wenig auf ihren alten Vater aufzupassen. Eines Tages fiel mir auf, dass ich ihn nicht gesehen hatte, obwohl er sonst immer bei mir vorbeikam. Ich ging zu seinem Haus und klingelte, aber die Tür wurde nicht geöffnet. So nahm ich eine Leiter, stellte sie ans Haus, kletterte hoch und wollte in seine Wohnung schauen. Aber ich konnte nichts sehen. Es gelang uns schließlich, eine Tür zu öffnen. Ich hatte ein ungutes Gefühl und schickte meinen Sohn alleine in die Wohnung. Einige Minuten später kam er wieder aus dem Haus, er sah furchtbar aus. Er berichtete mir, dass er den alten Herrn tot in der Toilette gefunden hatte. Als er einige Stunden später von einem Leichenwagen abgeholt wurde, nachdem die Polizei und der Arzt den Tod festgestellt hatten, ging ich noch an seinen offenen Sarg, habe ihn berührt und mich von ihm verabschiedet. Mit Tränen in den Augen ging ich in mein Haus. Als ich mich weinend auf die Couch setzte und vorher eine Kerze für ihn angezündet habe, fingen ganz plötzlich alle Lichter an zu flackern und zu zischen, als wollten sie gleich explodieren. Für mich war es ein Zeichen des Abschieds von Max, der nun gut auf der anderen Seite angekommen ist. Komisch war aber auch, dass Max ein paar Tage vor seinem

Tod so glücklich war, als würde er bald eine wunderbare Reise antreten.

Meine Mama hat immer Erscheinungen in der Nacht oder ganz früh am Morgen. Sie bekommt sehr oft Besuch von den Jenseitigen. Sie sieht sie im Nebel und kann sehen wie sie die Köpfe drehen und miteinander kommunizieren. Aber es standen auch schon Wesen an ihrem Bett, die sie nicht kannte und sie sahen so real aus, dass sie sich am Anfang sehr erschrocken hat. Einmal sah meine Mama eine wunderschöne Lichtgestalt, noch heute sagt sie immer wieder: „Jerica, dass möchte ich gerne wieder erleben, dieses wunderbare Lichtwesen zu sehen, es ging so viel Liebe und Frieden von diesem Wesen aus, ich glaube, es war ein Engel, denn dieses Gefühl war eigenartig."

Ich kann mich erinnern, dass ich als Kind auch diese Wesen sah, die in Nebel gehüllt waren. Immer wenn wir an einem Bunker vorbeigingen, als ob es die Seele eines verstorbenen Soldaten war. Mein Mann erklärte mir einmal, er würde mir niemals Angst machen, wenn er ein Geistwesen ist. Das hat er auch nie. Ein wunderschönes Erlebnis hatte ich eines Nachts. Ich stelle fast jeden Montag eine Kerze für Engel Gabriel auf, denn es ist der Tag von Engel Gabriel und ich bin mir sicher, er ist der Engel, der mir am nächsten steht. Und es passierte etwas Wunderschönes in dieser Nacht. Ich ging in der Früh um 2 Uhr schlafen. Neben meinem Bett habe ich ein großes Foto von meinem verstorbenen Mann an der Wand hängen. Ganz plötzlich sah ich, obwohl es im Raum ganz dunkel war, einen Lichtstrahl, ähnlich wie ein Sonnenstrahl, von seinem Bild bis zu mir leuchten. Um den Lichtstrahl sah ich winzige Sternchen, die im Raum und um mich herum tanzten. Diese hatten einen wunderschönen goldenen Glanz. Ich habe nicht geschlafen und erlebte alles im Wachzustand. Vielleicht wollte mir Engel Gabriel eine Freude machen, da auch ich immer an ihn denke und ihn verehre und liebe.

Nach dem Tod meines Mannes behielt ich sein Lieblingshemd, da mich der Geruch an ihn erinnerte. Nach einer gewissen Zeit war der Geruch verschwunden. Ich war furchtbar traurig und erzählte dies meinem Mann. Als ich dann wieder an dem Hemd roch, war der Geruch wieder da. Leider nicht lange, dann war er wieder verschwunden. Aber ich bin mir sicher, er hat mich gehört und wollte mir beweisen, dass er mir zuhört und noch immer bei mir ist. Die letzten Worte, die Ivo zu mir sagte, waren: „Wenn du nur wüsstest, wie gerne ich mit dir lebe!" Diese Worte werden immer in meinem Kopf bleiben.

Weißt du Marlene, mein Mann und ich, wir haben vor seinem Tod an nichts geglaubt. Wir sagten immer „tot ist tot". Mein Mann sagte immer zu mir, „es ist so schön mit dir zu leben". Aber glaube mir, als mein Mann dann nicht mehr da war, konnte ich die Einsamkeit nicht ertragen. Ich suchte nach Büchern, nach Wundern, nach Zeichen. Seit fünf Jahren suche ich Trost bei den Engeln, Maria und Gott und tatsächlich, ich erhalte Zeichen. Muss erst jemand von uns gehen, damit wir auf Zeichen achten? Gehen wir erst dann nach dem Verlust eines geliebten Menschen auf die Suche nach der Wahrheit? Es ist kein Zufall, dass ich dich und deine Bücher fand. Ich habe so viel Glück und Trost durch deine Bücher erfahren dürfen. Irgendetwas hat mich zu dir und deinen Büchern geführt. Waren es die Engel? War es mein Mann? Oder beide? Auf jeden Fall wurde mir dadurch sehr viel geholfen. Wäre mein Mann noch am Leben, dann hätte ich dich nie kennen gelernt. Danke, für deine liebevolle Art, ich habe von Anfang an gefühlt, du gehörst in mein Leben. Auch wenn ich so schwierig bin, hast du sehr viel Geduld mit mir. Nochmals vielen Dank, du hast mein Leben bereichert und du wirst immer in meinem Herzen bleiben.

Vor kurzem schickte mir Jerica ein Foto das sie bei einem Spaziergang machte. Über einem Kreuz konnte man einen Wolkenengel sehen.

Foto von Milena. Hinter ihnen in den Wolken
das Gesicht eines Menschen.

O. H. schrieb:
*Heute habe ich das Buch von Ihnen dankend erhalten
und fast ausgelesen. Es ist für mich ein Trost, dass
andere Menschen ähnliche Dinge erleben wie ich.*

Nun bin ich bereits über 70 und habe so etwas noch nie erlebt oder gesehen, wie es in letzter Zeit in meinem Leben passiert. Erst als mein Mann 2008 erkrankte, materialisierten sich immer nach 24 Uhr Menschen, die ich nicht kannte. Sie standen bei mir am Bett, aber sobald ich das Licht anmachte, waren sie sofort weg. Das ging jeden Tag so, es war so extrem, dass ich sogar alles schriftlich festgehalten habe. Später gab ich auf, denn es waren so viele und mein Mann wurde schwer krank. Im Juli 2008 ist er dann im Krankenhaus gestorben. Wir liebten uns sehr und keiner wollte von dem anderen getrennt sein. Nach seinem Tod kam er jede Nacht zu mir. Er kam meistens gegen 1 Uhr in der Früh und lächelte mich an. Wenn ich ihn fragte, woher er kommt und warum er nichts sagt, dann ist er gleich verschwunden. Als er dann am nächsten Tag wieder kam, legte er gleich den Finger auf seine Lippen, um mir zu sagen, dass ich keine Fragen stellen sollte. Er blieb immer fünf, sechs Minuten bei mir, zumindest konnte ich ihn so lange sehen. Er sieht sehr gesund und gut aus, trägt keine Brille mehr und wirkt auch jünger. Wenn ich ihn anlächle und winke, lächelt er auch und winkt zurück. Nun ist allerdings etwas passiert, was mich sehr erschrocken hat. Leider kann ich mit niemanden reden, denn alle sehen in mir eine Verrückte, wenn ich mit diesem Thema anfange. Wissen Sie mir einen Rat? Ich mache mir richtig Sorgen um meinen Mann! Es passierte folgendes: Im Schlafzimmer habe ich einen Deckenstrahler mit drei verstellbaren Leuchten. Seit ein paar Tagen kommt mein Mann nicht mehr durch den Vorhang am Fenster wie bisher, sondern er schwebt gegen 4 Uhr in der Früh durch die Decke auf den runden Leuchter und saugt an den Strahlern. Es sieht aus, als ob er Energie tanken müsste. Sein Körper wird dann ganz schwarz und er sieht aus, als wenn er leiden müsste. Gibt es eine Möglichkeit ihm zu helfen? Ich habe auch mit Engeln gesprochen aber es hat sich nichts verändert. Ich mache mir Sorgen um meinen Mann, will aber mit niemandem darüber sprechen. Können Sie mir bitte helfen? Meiner besten Freundin habe ich von den Geistern berichtet. Sie sah mich völlig entsetzt an und meinte nur: „Es wird Zeit, dass du dir deinen Kopf einmal gründlich untersuchen lässt." Man kann sich tatsächlich niemandem anvertrauen, schon wird man für verrückt erklärt.

Meine Antwort auf den Brief:
Ich habe alles wunderbar verstanden in Ihrem Brief, habe auch für Sie gependelt, damit ich Ihnen ein paar Informationen schreiben kann. Wie gesagt, ich sehe auch die Verstorbenen. Sie reden auch nicht mit mir. Sie lächeln mich an oder sie schauen traurig. Viele kenne ich gar nicht. Aber sie machen mir keine Angst. Meistens sehe ich sie, wenn ich des Nachts noch beim Fernsehen bin. Sie ziehen die Energie von dem Fernsehgerät ab. Ich glaube, nun ist es an der Zeit, Ihren geliebten Mann ins Licht zu schicken. Er bekam von der anderen Seite die Hilfe, sich vor Ihnen zu materialisieren, damit Sie nicht traurig sind. Nun soll er anderen Dingen nachgehen und man ermöglicht es ihm nicht mehr. Deshalb muss er die Energie von einer Lampe anzapfen, um sich zu materialisieren. Diese reicht aber nicht aus, deshalb ist sein Körper schwarz, was Sie aber nicht beunruhigen soll. Als Beispiel nehmen Sie eine Glühbirne, die einen großen Raum erleuchten soll, die aber nur sieben Watt hat. Das bedeutet, der Raum wird niemals hell erleuchtet werden. Das Gleiche passiert gerade mit der Materialisierung bei Ihrem Mann. Ohne ausreichend Energie bleibt sein Körper dunkel, bzw. unsichtbar. Es ist sehr schwer für die Jenseitigen, sich zu materialisieren. Sie benötigen Hilfe von anderen Wesen, zum Beispiel von Engeln oder Schutzgeistern.

Haben Sie aber keine Angst. Ihrem Mann geht es gut. Ich bekam von meinem Pendel auf meine Fragen folgende Antworten.

Frage:
Hat Herr H. Probleme, um sich vor seiner Frau zu materialisieren?
Ja.
Zieht Herr H. Energie durch den Deckenstrahler ab?
Ja.
Ist der Körper von Herr H. schwarz, weil er Probleme im Jenseits hat? (Diese Frage war eigentlich überflüssig.)
Nein.
Ist Herr H. im Jenseits glücklich?
Ja.
Vermisst er seine Frau?
Ja.
Muss Frau H. ihn loslassen?
Ja.
Hat er andere Arbeiten im Jenseits zu verrichten?
Ja.
Soll Frau H. ihren Mann ins Licht schicken?
Ja.

Bitte versuchen Sie, wenn es auch schwer fällt, Ihrem Mann zu sagen, dass Sie ihn nun gehen lassen. Sagen Sie ihm, dass er auf der anderen Seite seinen neuen Aufgaben nachgehen muss und Sie ihm Licht, Liebe und Kraft senden, damit er glücklich im Licht bleiben kann.

Vanessa M. schrieb:
Ich denke sehr oft an dich und da dachte ich mir, dass ich dir doch einfach mal wieder schreibe. Vor kurzem habe ich wieder ein Zeichen von meinem

verstorbenen Onkel bekommen. Doch will ich mir wie immer einreden, dass es nur ein dummer Zufall war. Wir haben einen Kosmetikspiegel mit Touch Screen. Er verstellt sich in drei verschiedenen Lichtverhältnissen, mal weniger hell, mal hell und ganz hell. Und das geht nur, wenn man den Spiegel berührt. Auf jeden Fall lag ich in der Badewanne und dieser Spiegel war 1,50 Meter entfernt von mir und er war aus gestellt. Dann sehe ich im rechten Augenwinkel, dass die erste Stufe oder zweite Stufe des Lichts angegangen ist. Ich habe ein bisschen gegrinst, weil ich sofort an meinen Onkel gedacht habe, deshalb habe ich in Gedanken gesagt, „Jojo, wenn du es bist, dann lass es noch eine weitere Stufe angehen." Innerhalb von zehn Sekunden ist dann gleich noch eine weitere Stufe des Lichts angegangen. So aufgeregt wie ich war, habe ich nach meiner Mama gerufen, „Mama, komm schnell", aber auf einmal ging das Licht wieder aus. Dann hat es mich auf einmal ganz heftig an meinem Fuß gekitzelt.

Und neulich habe ich wieder einen Hasen gesehen, als ich in Gedanken gesagt habe, „wenn du bei mir bist, dann lass mich einen Hasen sehen". Und dann sah ich, während es regnete, plötzlich mitten auf dem Feld einen Hasen sitzen, der gerade mit Essen beschäftigt war. Ich erzähle dir das, weil du auch schon sagtest, man traut sich nicht, jedem von diesen Erlebnissen zu erzählen. Wer weiß, was die Leute über mich denken? Ich habe übrigens vor kurzem ein passendes Bild gefunden, erinnerst du dich noch an den Vogel an meinem Fenster?

Hedwig schrieb:
Endlich komme ich dazu, mich bei Ihnen für das Buch das Sie mir im Auftrag von meiner Freundin geschickt haben, zu bedanken. Ganz besonderen Dank auch für die Karte mit dem Engel und die zwei Medaillen der Gottesmutter.

Meine Mutter ist am 2. Januar eingeschlafen, nachdem sie die letzten sieben Jahre nur noch, ja man kann sagen, ans Bett gefesselt war. Sie konnte nur noch auf dem Rücken liegen und sich sonst nicht mehr bewegen. Die meisten sagen vorher immer: „Schön, wenn deine Mutter erlöst werden würde." Ich konnte solche Sätze nicht mehr hören. Ich wollte nicht, dass meine Mutter nicht mehr da ist. Ich wollte natürlich auch nicht, dass sie sich quälen muss und Schmerzen hat. Das war alles so furchtbar. Sie da liegen zu sehen und nicht helfen zu können.

Und trotz allem müssen Sie sich vorstellen, hat meine Mutter nicht ein einziges mal geklagt. Sie war immer so zufrieden. Ich wusste nicht, woher sie diese Kraft nahm. Wenn man sie fragte, wie geht es dir, sagte sie stets, mir geht es gut. Sie verlor nie den Humor, lachte und erzählte mit uns. Obwohl sie so ein schweres Schicksal hatte. Mein Papa starb im Alter von 53 Jahren an einer Lungenentzündung, ihren jüngsten Sohn (19 Jahre) verlor sie durch einen Autounfall. Dann hatte sie noch vier Kinder zu versorgen und hat es geschafft, unser Elternhaus zu halten. Wir haben uns alle immer sehr gut verstanden. Andere Familien beneideten uns immer um den Zusammenhalt. Da wir so früh nur noch ein Elternteil hatten, war das Verhältnis zu unserer Mama natürlich etwas ganz Besonderes. Ich bin die zweitjüngste (jetzt 50 Jahre alt) und bin als Letzte von zu Hause ausgezogen. Ich war damals schon 26 Jahre alt. Sie können sich sicher vorstellen, dass meine Beziehung zu meiner Mutter daher etwas Besonderes war. Ich lebte 26 Jahre mit meiner Mutter in ihrer Wohnung. Ich habe mir nie vorstellen können, auszuziehen oder mir eine eigene Wohnung zu nehmen. Ich ging erst, als ich heiratete. Meine Mutter war die beste Mutter der Welt! Sie hatte so ein gutes Herz und war immer für alle da und hat selbst auf alles verzichtet. Bei uns zu Hause traf sich auch immer alles. Jeder fühlte sich bei ihr wohl. Ich konnte mir nie vorstellen, dass unsere Mutter einmal nicht mehr da sein würde. Ich brauche sie doch – immer. Auch als sie nur noch im Bett lag, hat sie mir solche Kraft gegeben. Deshalb wollte ich auch nie diesen Satz hören, „wenn sie doch erlöst wäre." Ich weiß, das ist egoistisch – ich wollte nicht, dass sie

Schmerzen hat – wollte aber auch nicht, dass sie stirbt. Ich habe mich vielleicht nie richtig abnabeln können. Ich habe immer gedacht, ohne meine Mutter schaffe ich es nicht im Leben.

In den letzten Jahren ging es immer auf und ab mit ihr. Wir dachten schon oft, sie schafft es nicht mehr. Aber ich habe immer gesagt, sie muss es noch mal schaffen. Und das hat sie dann auch immer. Unsere Mutter hat wohl gemerkt, dass wir sie nicht gehen lassen wollten. Noch vierzehn Tage bevor sie starb, sagte sie zu mir: „ Mir geht es am besten, wenn ich schlafe, denn dann tut mir nicht alles so weh." Und man kann sagen, sie ist in vierzehn Tagen langsam eingeschlafen. Einen Tag, bevor sie starb, war ich bei ihr. Und ich habe ihr angesehen, dass es jetzt soweit ist. Ich war dabei, als meine Schwiegermutter starb, sie sah genauso aus. Ob ich wollte oder nicht, ich musste mir das eingestehen. Ich bin aber auf der anderen Seite mehr als dankbar dafür, dass ich mich dadurch richtig von ihr verabschieden konnte. Am nächsten Nachmittag war sie verstorben. Ich bin dann wieder zu ihr hin und saß vor ihrem Bett, sie sah aus, als ob sie schläft. Sie lag so entspannt und friedlich da. Eigentlich so, als ob es ihr gut geht und sie jeden Moment die Augen nach einem erholsamen Schlaf wieder aufmacht. Für mich war es sehr schlimm, ich wollte mit ihr sprechen, aber ich bekam keine Antwort mehr. Ich habe immer wieder gesagt: „Mama, gib mir doch ein Zeichen, dass ich weiß, dass es dir gut geht. Die ersten Tage waren ganz furchtbar. Zu meinem Mann sagte ich, ich habe immer das Gefühl, dass jemand im Raum ist und dass jemand hinter mir steht. Ich konnte es aber nicht richtig erklären.

Meine Freundin Roswitha rief mich in diesen schweren Tagen an und sagte zu mir, dass ich bald

Post bekommen würde. Sie hätte etwas bestellt für mich. Ich sollte mich nicht wundern. Ich bin ihr sehr dankbar dafür, denn was kam, war Ihr Buch. Ich glaube, ich habe noch kein Buch so schnell durchgelesen. Übrigens jetzt schon zum zweiten Mal. Es kam genau zum richtigen Zeitpunkt in mein Leben.

Vieles kommt mir so bekannt vor. Meine Mutter war auch sehr gläubig. Und hat auch an ein Leben nach dem Tod geglaubt. Sie hat auch immer gesagt, jeder bekommt nur soviel auferlegt, wie er tragen kann. „Ohne Glauben geht es nicht", hat sie immer gesagt, auch wenn gerade sie oft genug Grund gehabt hätte, zu zweifeln. Ich glaube, sie hat ihre ganze Kraft, alles zu ertragen, aus ihrem Glauben genommen. Hoffentlich hat sie uns etwas von ihrer Kraft zurück gelassen. Das Gebet von den Englein brachte sie meiner Tochter bei. Sie hatte auch eine ganz besondere Beziehung zu Engeln. Warum genau, weiß ich nicht. Sie sagte immer, sie liebt Engel. Besonders den an der Kirche in unserem früheren Wohnort.

Die Stelle in Ihrem Buch „ich hatte das Gefühl, als hätte mir jemand auf die Schulter geklopft" hat mich besonders berührt. Ich habe oben ja bereits erwähnt, dass ich immer glaubte, jemand ist im Raum. Überhaupt sind mir seit dem Tod meiner Mama und seitdem ich das Buch von Ihnen gelesen habe, Dinge passiert, die ich jetzt bestimmt nicht mehr als Zufall sehe. Das Wichtigste ist, dass ich sicher bin, ein Zeichen von meiner Mutter bekommen zu haben, mit dem sie mir sagt, dass es ihr gut geht, und dass sie auch weiterhin für mich da ist. Ich weiß eigentlich gar nicht, wie ich das so kurz erzählen soll: Ich besuche seit ein paar Jahren regelmäßig einen Englischkurs. Auf jeden Fall hat unsere Lehrerin für unseren Kurs zehn englische Taschenbücher besorgt, die wir lesen sollen. Man kann sie reihum ausleihen. Ich hatte mir Anfang Dezember „Stray Dog" ausgeliehen, wusste aber nicht, wovon das Buch handelt. Ich habe es dann aber die ganze Zeit, warum auch immer, nicht gelesen, obwohl ich sonst die Lektüren eigentlich immer sofort lese, sobald ich sie mir ausleihe. Der Kurs begann in diesem Jahr wieder am 2. Februar. Ich nahm mir das Buch einen Tag vorher zur Hand, damit ich es dann zurückgeben konnte. Beim Lesen wurde mir ganz anders. Es war, als ob das Buch extra für mich geschrieben wurde. Im Nachhinein war mir klar, ich sollte das Buch gar nicht sofort lesen! Das war kein Zufall, dass ich es erst nach dem Tod meiner Mutter gelesen habe. Es wäre so schön, ich könnte Ihnen das Buch erzählen, aber das wäre zu lang. Es ist zwar eine traurige Geschichte, aber mit einem Happy End. Und die Geschichte sollte mir sagen, dass meine Mutter auch nach ihrem Tod noch für mich da ist und auf mich aufpasst. Hier das Ende des Buches: Now I know, John is more than life itself, and just as Sonny was there for him, he is always there for me.

Meine Tochter wohnt nicht mehr bei uns. Sie hat ein altes kleines Auto und wenn sie alle paar Wochen mal bei uns ist, sieht mein Mann immer nach, ob der Ölstand noch in Ordnung ist. Diesmal rief sie an einem Montagmorgen an und sagt: „Mama, wenn du willst, komme ich gleich vorbei und wir können heute etwas zusammen unternehmen." Ich wunderte mich und fragte sie, ob sie denn nicht arbeiten müsse. Sie meinte, „ich war total erledigt heute morgen und habe gefragt, ob ich kurzfristig frei bekommen könnte." Sie kam dann bei uns vorbei und wir verbrachten einen schönen Tag. Als mein Mann von der Arbeit kam, sah er wie sonst auch immer nach ihrem Auto. Es war bis auf die beiden Vorderreifen alles in Ordnung. Dann sagte er: „Wie kommt es, dass deine Reifen gar kein Profil mehr haben, die sind ja spiegelglatt? Mit diesen Reifen darfst du auf keinen Fall mehr fahren!" Das sei mehr als gefährlich. Zumal auch Schnee lag und unsere Tochter wohnt 100 Kilometer von uns entfernt. Wir konnten uns das nicht erklären, denn sie war gerade mit dem Auto durch den TÜV gekommen. Da waren die Räder noch in Ordnung. Vielleicht hat sie ihr jemand abmontiert und ausgetauscht. Heute passiert so etwas ja leider öfters. Mein Mann ist noch am Spätnachmittag mit dem Auto zur Werkstatt und hat neue Reifen montieren lassen. Ich mag mir nicht vorstellen, was passiert wäre, wenn wir das nicht bemerkt hätten. Sie fährt jeden Tag mit dem Auto zur Arbeit. Im Nachhinein habe ich gesagt, sicher sollte es so sein, dass sie außer der Reihe an diesem Tag zu uns kam, vielleicht wäre ihr sonst etwas Schlimmes passiert.

Dann durften wir am Sonntag noch einmal in die Wohnung meiner Mutter. Wir durften nachsehen, ob wir noch etwas von ihren Sachen haben wollten. Meine Schwester hat ein Bild von der Wand mit unserem verstorbenen Bruder mitgenommen. Während ich Ihr Buch zum zweiten Mal las und an der Stelle mit Ihrem Vater war (wo er Ihnen Zeichen gibt), klingelte das Telefon und meine Schwester war dran. Sie war ganz aufgeregt und sagte zu mir: „Stell dir mal vor, was ich gefunden habe!" Sie hatte das Bild unseres Bruders aus dem Rahmen gelöst und hinter dem Bild war eine alte Kommunionurkunde unseres Vaters. Die Urkunde ist von 1927. Es stand darauf: „Durch die Liebe des göttlichen Kindes empfing die erste heilige Kommunion...." Es ist ein wunderschönes Bild mit einem Kind, das wie ein Engel aussieht. Wir hatten das noch niemals gesehen. Meine Schwester sagte: „Es ist zwar nichts Persönliches von Mama, aber von unserem Vater". Das sind schon merkwürdige Zufälle.

Ich habe eine Tante, sie wohnt bei ihrer Tochter. Sie hat kürzlich ihren 90. Geburtstag gefeiert. Sie ist leider vor einigen Jahren erblindet. Aber sonst geht es ihr gesundheitlich noch gut und auch geistig ist sie wirklich noch sehr rege. Ich hatte vor Monaten mal mit ihr telefoniert und dann sagte sie zu mir: „Ich habe den Heiland gesehen, ganz klar und deutlich. Obwohl ich blind bin, konnte ich alles genau sehen, es war ganz hell. Ich habe keine Angst zu sterben, ich bete jeden Tag und bin dem Heiland ganz nah." Ich meinte danach zu meinem Mann: „Schade, dass meine Tante jetzt doch noch geistig verwirrt werden muss, es reicht scheinbar nicht, dass sie bereits blind ist." Denn ich habe ihr das natürlich nicht geglaubt. Und ich wusste auch gar nicht so recht, wie ich das Gespräch weiter führen sollte. An ihrem Geburtstag rief ich sie dann wieder an und sie sagte mir, eine Nachbarin hätte ihr geraten, sie sollte so etwas lieber nicht mehr herumerzählen, sonst würde man sie noch für verrückt halten. Mir ging es ja genauso. Aber seit ich Ihr Buch gelesen habe, neige ich fast dazu, meiner Tante zu glauben. Ich würde sie so gerne noch einmal danach befragen, aber das geht nicht. Fängt sie damit an, sagt man ihr gleich, sie soll mit so einem Quatsch aufhören.

Was erst vor kurzem passiert ist, war für mich auch etwas Wunderbares. Unsere Mutter ist am 19. März 1923 geboren. Nun haben zu ihrem Geburtstag meine Schwester und ich unabhängig voneinander jeder ein Rosenherz beim Gärtner für sie anfertigen lassen. Als wir dann an ihrem Grab standen und uns die Herzen ansahen, stellten wir fest, dass mein Rosenherz aus 19 Rosen bestand und das meiner Schwester aus 23.

Das ist schon ein komischer Zufall: Wir hatten ja die Stückzahl beim Gärtner nicht bestellt und wir wohnen ja auch an verschiedenen Orten.

Ich habe schon vieles hinter mir in meinem Leben. Und deshalb habe ich oft gezweifelt an unserem Gott. Denn es sind so viele schreckliche Dinge passiert. Und früher war es oft so, wenn ich ihn um was gebeten habe, ist immer das Gegenteil eingetreten. Ich hatte schon Angst, zu beten. Ich habe nie verstanden, dass meine Mutter trotzdem immer ganz fest an ihren Gott glaubte. Das hat sich bei mir erst geändert, als ich vor ein paar Jahren sehr schlimm krank wurde. Die Ärzte machten mir keine Hoffnung mehr. Aber wie durch ein Wunder habe ich alles gut überstanden. Seitdem glaube ich nun doch, dass es irgendwas „da oben" geben muss.

Vielleicht achte ich, nachdem ich Ihr Buch gelesen habe, jetzt auch viel mehr auf alles. Ich weiß es nicht. Ich möchte auf jeden Fall glauben, dass es noch irgendetwas nach unserem Tod gibt und vor allem möchte ich glauben, dass es unserer Mutter, unserem Vater, unserem Bruder wie allen, die wir leider schon verloren haben, gut geht. Und dass sie doch noch irgendwie bei uns sind. Ich bin froh, dass ich dieses Buch gelesen habe. Es hat mir auf jeden Fall in den letzten Wochen sehr viel geholfen.

Meine Mutter fehlt mir so sehr, jeden Tag vermisse ich sie. Aber vielleicht schaffe ich es immer mehr, ihren Tod nicht als so endgültig zu sehen. Ich wünsche mir, dass es ihr gut geht, wo immer sie auch ist, es kann nur das Paradies sein, und dass sie von da aus auf uns aufpasst und Acht gibt.
Ich danke Ihnen für dieses Buch und hoffe, dass Sie noch viele weitere Bücher schreiben werden. Es ist

gut, dass Roswitha Sie und Ihre Bücher kennen gelernt hat. Denn sonst hätte ich wahrscheinlich nie eines Ihrer Bücher gelesen. Roswitha ist mir eine gute Freundin, auf die ich mich verlassen kann und mit der ich auch mal weinen kann. Sie wusste scheinbar ganz genau, was mir in dieser schweren Zeit helfen kann.

Es gibt immer wieder Wunder

Als ich eines Abends, es war der 15. Januar 2009, den Fernseher anmachte, um mir die Nachrichten anzusehen, wusste ich sofort, hier ist gerade ein Wunder passiert. Ich sah im Wasser ein Flugzeug liegen und auf den Flügeln des Flugzeugs standen Menschen in der Hoffnung, gerettet zu werden. Von allen Seiten kam Hilfe, um die Menschen zu retten. Aber was war gerade passiert? Ein Airbus A 320 mit der Flugnummer 1549 US-Airways war auf dem Weg von Manhattan nach Charlotte. 155 Menschen waren an Bord und niemand, der an diesem Tag in das Flugzeug gestiegen war, hätte sich vorstellen können, dass es nur wenige Minuten nach dem Start abstürzen würde. Aber genau das ist passiert, drei Minuten nach dem Start versagten beide Triebwerke. Das Flugzeug geriet in einen Vogelschwarm, der beide Triebwerke zerstörte und manövrierunfähig machte. Der Pilot hatte drei Möglichkeiten zu reagieren und diese mussten sekundenschnell aussondiert werden: Er könnte wieder zurück zum Flughafen oder das Flugzeug würde über den Hochhäusern von Manhattan abstürzen oder er musste eine Wasserlandung machen. Dem Piloten war aber sofort klar, dass sein Flugzeug nicht mehr in der Lage war, den Flughafen zu erreichen. Ein Absturz in einer Stadt wie New York hätte noch mehr Menschenleben gekostet. Außerdem reagierten die Menschen in New

York seit dem 11. September auf Flugzeuge mit großer Panik. Mit einer beruhigenden Stimme kündigte Kapitän Sullenberger deshalb ohne jegliche Hektik eine Notlandung auf dem Hudson River an. Er wollte verhindern, dass Panik an Bord der Maschine ausbrach und blieb deshalb so gelassen.

Das Wunder geschah tatsächlich, die Notlandung gelang, die Maschine ist nicht auseinander gebrochen. Das ist in der Geschichte der Luftfahrt einmalig. Eine Wasserlandung auf dem harten Wasser ist immer ein sehr großes Risiko. Die Maschinen brechen beim Aufprall meistens auseinander, explodieren und gehen gleich unter. Sofort wurden die Türen des Flugzeugs geöffnet und die Menschen kletterten fröstelnd auf die Flügel des Fliegers. Viele hatten noch nicht einmal Rettungswesten an. An diesem Tag hatte es in New York minus 16 Grad. Und trotzdem war niemand unterkühlt und es gab auch nur ein paar Menschen, die leicht verletzt waren. Sofort kamen Helfer von allen Seiten. Die Pendlerfähren und kleinere Schiffe nahmen die Menschen sofort an Bord und brachten sie in Sicherheit. Der Kapitän lief noch zwei Mal durch das Flugzeug um zu kontrollieren, ob alle gerettet waren, bevor er sich selbst in Sicherheit brachte.

Als die Menschen nach der Katastrophe interviewt wurden, sagten alle, sie hätten nach der Durchsage mit der Notwasserung zu Gott und der Mutter Gottes gebetet. Ein Mann meinte, „es gibt zwei Helden, einmal Gott und dann den Piloten." Die ganze Welt sprach von einem Wunder. Ein Wunder, an dem wir alle teilhaben durften und nach dem wir uns mit den geretteten Menschen freuen durften.
Nun gibt es natürlich Menschen, die sagen: „Na ja, es war ja auch ein erfahrener Pilot, er hatte eine Ausbildung als Segelflieger, dem Piloten gilt alle

Ehre." Wir dürfen aber nicht vergessen: Warum hatte genau der Pilot, der eine Ausbildung als Segelflieger hatte, dieses Flugzeug geflogen? Es ist ganz sicher, dass Gott diesen Piloten genau zur richtigen Zeit am richtigen Ort sein ließ.

Ein weiteres Wunder passierte nur ein paar Tage später. Ein Fischkutter ist vor der australischen Küste gesunken. Zwei Seeleute konnten sich in eine Tiefkühltruhe retten. Sie haben 25 Tage in der schwimmenden Truhe vor den Küsten Australiens überlebt. Was die beiden am Leben erhielt, war die Tatsache, dass es mehrmals in der Nacht geregnet hat und sie mit dem Regenwasser ihren Durst stillen konnten. Australien ist ein heißer Kontinent, sie wären sonst bestimmt verdurstet. Außerdem ist das Wasser mit Haien verseucht. Es wäre für die Haie ein leichtes Spiel gewesen, die Kühltruhe umzuwerfen. Die Schiffbrüchigen berichteten, dass sie viel gebetet haben. Das größte Wunder bestand darin, dass Robben, die immer wieder ihre Nussschale umschwammen, den beiden Fische brachten. Genau die Tiere, die wir Menschen abschlachten und ausrotten wollen, weil sie angeblich die Meere leer fressen, haben die Not der beiden Menschen gespürt und waren sofort da, um ihnen zu helfen.

Bei diesen beiden wunderbaren Ereignissen, die ich persönlich als Wunder bezeichne, ist mir sofort ein Psalm aus der Bibel eingefallen:

Psalm 91.11
Gott hat seinen Engeln befohlen, dich zu beschützen, wohin du auch gehst.

Ein junger Mann wollte die Schule schwänzen, denn die Deutschstunde war nicht sein Fach. Er ging stattdessen zu einer Untersuchung, denn man war auf der Suche nach einem Spender für eine Frau, die an Leukämie erkrankt war. Als man seine Daten mit ihren Daten verglich, stand sofort fest, dass er der richtige Spender war. Ihr Leben konnte dadurch gerettet werden. Manchmal tun wir Dinge, die wir uns später nicht erklären können. Aber es war so gewollt, um anderen zu helfen oder ihnen sogar das Leben zu retten.

Ein junger Mann fuhr mit erhöhter Geschwindigkeit und sein Auto landete in einem Kirchendach. Niemand konnte sich erklären, wie man mit einem Auto sieben Meter durch die Luft fliegen kann, um in einem Kirchendach zu landen. Er war natürlich zu schnell unterwegs gewesen und hätte es diese kleine Anhöhe nicht gegeben, die ihn mit seinem Auto hochkatapultierte, wäre er sicherlich heute nicht mehr am Leben. Einen Aufprall auf eine Mauer hätte er nicht überlebt. Dieser ungewöhnliche Unfall, der bei uns in Deutschland passierte, wurde wie ein Lauffeuer auf der ganzen Welt verbreitet. Die letzte Stunde des jungen Mannes war noch nicht gekommen. Sein Schutzengel hatte seine Flügel ausgebreitet und wunderbar auf ihn aufgepasst. Wie sonst kann man dieses ungewöhnliche Ereignis erklären?

Ein Baby wurde 25 Meter von einem Auto durch die Luft geschleudert und hatte nicht einen Kratzer. Auf wunderbare Weise hat sein Schutzengel auf das Baby aufgepasst.

Daniel, von Beruf Bauarbeiter, stand auf einem Gerüst, um seine Arbeit zu erledigen. Aus unerklär-lichen Gründen hielt er ganz plötzlich in seiner Arbeit inne und schaute nach unten auf die Straße. In seinem Inneren wurde er von einer Unruhe erfasst, warum, konnte er im Nachhinein nicht erklären. Als er so nach unten schaute, sah er, wie ein Autofahrer die Lichthupe anmachte. Er dachte spontan, „wenn das mal kein Zeichen ist" und verließ das Gerüst, ohne zu wissen warum. Kaum hatte er den Fuß in das Zimmer im achten Stock gesetzt, wo er sicher war, krachte das Gerüst in sich zusammen und stürzte nach unten. Bis heute kann er sich seine eigenartige Reaktion nicht erklären, nur dass ihm das Ganze das Leben gerettet hat. Diesen Sturz hätte er niemals überlebt.

Ich habe ja bereits darüber berichtet, dass ich mit meinen Engeln durch Federn kommuniziere. Ich musste meine Mama drei Tage alleine lassen, weil ich einen Termin in Oberhausen hatte. Ich nahm meine Freundin Anne mit, die auch gerade private Probleme hatte. Wir versuchten uns gegenseitig aufzubauen, denn im Ruhrgebiet regnete es in Strömen und als wir aus dem Allgäu wegfuhren, hatten wir einen strahlend blauen Himmel und eine wunderbare Schneelandschaft zurückgelassen. Deshalb sagte ich zu meiner Freundin, als wir in unserem Hotel im Ruhrpott ankamen: „Wir haben doch Glück, zu Hause von so viel Grün, Bergen und herrlicher Natur umgeben zu sein." Als wir am Abend am Empfang des Hotels fragten, ab wann wir essen können, schaute ich ohne ersichtlichen Grund auf den Teppich und sah vor mir eine weiße Feder liegen. In einem Hotel, in dem es keine Federbetten gab und man durch eine Drehtür gehen musste! Ich habe mich sehr über den Gruß meiner Engel gefreut. Er fand ja am Empfang statt und es kam mir vor, als wollte man mir sagen, „Sei nicht traurig, wir begleiten euch wieder unversehrt zurück." Ich muss dazu sagen, dass ich bei jeder Reise um den Schutz der Engel bitte. Als wir uns dann auf die

Rückreise machten, fand ich wieder in einem geschlossenen Raum am Bahnhof eine weiße Feder. Ich sagte zu meiner Freundin: „Anne schau, wieder ein Gruß unserer Engel." Ich hatte die Engel ja eingeladen, uns auf der Rückreise zu begleiten und zu beschützen. Je näher wir dem Allgäu kamen, umso entspannter wurde ich. Der Himmel war auf einmal wieder freundlich und blau. Die Flächen wurden freier und grüner. Ich sagte zu meiner Freundin, „schau mal Anne, sieh dir das mal am Himmel an, da ist alles lila, rosa und grün, ohne ersichtlichen Grund, es hat ja nicht geregnet." Ich starrte fasziniert auf die Stelle am Himmel. Dann sagte Anne zu mir: „Marlene, hast du gesehen, dass der farbige Teil nur die Spitze der Feder ist, die riesengroß am Himmel steht?" Tatsächlich war am Himmel eine riesengroße Feder zu sehen und die Spitze war bunt. Die bunten Farben hatten mich total fasziniert und in den Bann gezogen. Wenn ich nicht aus dem Fenster in den Himmel geschaut hätte, wäre uns entgangen, dass man uns so ein wunderbares Zeichen gab.

Als wir dann nach Hause kamen, erzählten wir das Ganze voller Freude meinem Lebensgefährten. Ich dachte, wir hatten es ja beide erlebt, nun muss er es mir doch endlich mal glauben. Er schaute uns mit großen Augen an und meinte: „Na ja, bald kommt jemand in die Klapse." Wir hörten auf, darüber zu sprechen, denn er meinte, auch er sieht manchmal Federn, aber niemals hätte er den Quatsch mit Engeln in Verbindung gebracht. Er meinte noch, „Können deine Engel nicht jetzt gleich weiße Federn rieseln lassen, damit du mich auch überzeugen kannst?" Ich stand vom Tisch auf und fand wieder eine weiße Feder, die im Raum lag. Aber er lachte uns nur aus.

Am nächsten Morgen fuhren mein Freund und ich zusammen in die Stadt. Ich wollte beim Aussteigen meine Tasche aus dem Auto nehmen, denn er wollte auf mich warten, während ich zur Bank ging. Ich staunte nicht schlecht, als plötzlich in dem Reißverschluss meiner Handtasche eine Feder eingeklemmt war. Ich schaute ihn an und sagte: „Diese Feder ist nur für dich, die Engel wollen dir zeigen, dass alles möglich ist! Mir müssen sie keine Beweise mehr schicken, aber dir." Es kam keine Antwort von ihm. Aber vielleicht hat es ihn doch ein wenig beschäftigt und zum Nachdenken veranlasst.

Das Jenseits ist kein Ort zum Schlafen

Dieses Kapitel ist aus meinem Buch: **Phänomene und Kraft aus dem Jenseits** entnommen.

Viele Menschen denken tot ist tot, dann wird man beerdigt und liegt im Grab bis zum Jüngsten Tag! Vielleicht kommt auch einmal der Tag, an dem wir von den Toten auferstehen werden. **Das stimmt aber so nicht!** Wir sind eine ewig existente Seele, die nur auf die Erde kam, um zu lernen. Auch im Jenseits haben wir Aufgaben zu erfüllen, die unseren Fähigkeiten entsprechen oder aus denen wir noch etwas lernen können, bzw. lernen müssen. Haben wir auf der Erde nicht viel dazu gelernt, dann müssen wir es mit anderen Aufgaben, die wir uns sogar selbst aussuchen dürfen, im Jenseits weiter lernen. Im schlimmsten Fall müssen wir mehrmals auf die Erde kommen.

Die Jenseitigen wollen nicht so gerne auf die Erde und wir Diesseitigen wollen nicht ins Jenseits bzw. sterben. Für uns hat das Wort sterben einen schmerzlichen Beigeschmack. Wir gingen aber bei der Geburt durch das Tor des Vergessens und wissen nicht mehr, was uns erwartet. Das macht das Wort sterben so schmerzhaft. Aber keine Angst, das Jenseits ist nicht zum Schlafen da. Es haben sich schon viele Seelen bei uns gemeldet und darüber berichtet.

Ein Neuankömmling fragte seinen Freund im Jenseits: „Was muss ich denn hier tun?" Er erwiderte, „Das Leben im Jenseits ist genauso vielseitig wie auf der Erde. Du darfst dir deine Aufgabe selbst aussuchen, aber sie muss immer etwas Gutes bewirken, denn du sollst und willst dich ja auch weiter entwickeln. Die Aufnahme einer Tätigkeit steht immer im Dienste des Nächsten. Wir werden oftmals von der Arbeit abberufen um einen guten Freund im Jenseits in Empfang zu nehmen, bis er sich eingewöhnt hat. Das könnte auch deine Aufgabe werden, wenn du möchtest." „Hättet ihr es auch verhindern können?" wollte der Neuankömmling im Jenseits wissen „Du meinst, wir hätten dir dabei helfen sollen deinen Weg auf der Erde zu verlängern? Nein, das können wir nicht, denn es ist deine Bestimmung, da dürfen wir nicht eingreifen, auch die höheren Wesen, die Engel, die dir sonst immer beistehen, dürfen diesen Tag, deinen letzten Tag auf der Erde, nicht verhindern. Alles hat einen Anfang und ein Ende, für dich, für mich für uns alle. Aber es ist nur das Ende für deinen schweren, plumpen Körper, es ist gleichzeitig ein Anfang für dich im Jenseits. Ein wunderbarer Anfang, wenn du auf der Erde Liebe verbreitet hast. Gott zählt nur die Taten der Liebe, nicht was du nach deinem Tod der Kirche vermacht hast, denn das stellt für dich keine große Tat dar, damit hast du versucht, nochmals Anerkennung zu erlangen. Du wolltest nur, dass dein Name auf irgendeiner Spendentafel steht, das ist kein

Akt der Nächstenliebe, sondern Egoismus. **Du sollst zu Lebzeiten den Armen und Kranken Gutes tun.**

Die Menschen wollen sich nicht von irdischen Dingen trennen, sie möchten immer Menschen bleiben, denn sie lieben die Dinge, die sie sich auf der Welt geschaffen haben, es fällt den meisten schwer, sich davon zu trennen. Nur in dem Moment, wenn ihre Körper alt und krank werden, dann sehnen sie sich nach dem Tod und der anderen Seite. Ich bin für die Menschen da, die nicht sterben wollten. Ich mache sie langsam mit unserem Leben und den neuen Aufgaben vertraut. Aber glaube mir, wenn du einmal deine Freunde und Familie in unserer großen, harmonischen Jenseitswelt gefunden hast, dann möchtest du nicht mehr auf die Erde zurück. Wenn den Jenseitigen gesagt wird, sie müssen wieder auf die Erde zurückkehren, um noch mehr zu erreichen, dann sträuben sich die meisten. Wir Jenseitigen wissen ganz genau, was für Gefahren und Versuchungen ihr auf der anderen Seite ausgesetzt seid, deshalb wollen wir da nicht mehr hin. Wenn wir den Weg des irdischen Lebens beschritten haben, wird uns nichts mehr in Erinnerung bleiben und wir fangen wieder von vorne an. Wir müssen aufs Neue beweisen, das unsere Seele gefestigt ist. Manche Seelen werden aber auch auf die Erde geschickt, um anderen zu helfen. Mit ihren Ideen, bei neuen Entwicklungen, mit guten Gedanken in ihren Büchern, mit ihrer Musik. Das meiste ist geistiges Eigentum. Gott hat es so gewollt. Alle Entwicklungen und Entdeckungen werden im Himmel erfunden und zur richtigen Zeit und am richtigen Ort durch eine Seele auf die Welt gebracht. Solche Dinge können gedanklich dem betreffenden Menschen übermittelt werden. Derjenige wurde von Gott dazu berufen, die Eingebung zu verbreiten, zum Wohlergehen der ganzen Menschheit.

Aber es gibt mehrere Welten, ihr seid nicht die Einzigen in dem großen Universum. Es gibt Welten, die mehr und andere, die sogar noch weniger weit entwickelt sind, wie ihr auf der Erde. Das ist schwierig für euch zu verstehen, denn was ihr nicht sehen könnt, das glaubt ihr nicht!

Einige der Neuankömmlinge im Jenseits werden von uns in einen Schlaf versetzt, bis die Tränen der Angehörigen ein wenig getrocknet sind, denn es schmerzt den Verstorbenen, die Trauer der Zurückgebliebenen zu sehen. Manchmal fragen sich dann die Hinterbliebenen, warum kann ich den Verstorbenen nicht spüren? Das ist der Grund dafür. Aber wie du siehst, bist auch du noch sehr lebendig.

Ein Neuankömmling, der erst kurz vor seinem Tod geheiratet hatte und seine Frau sehr liebte, betete immer wieder bei seiner Ankunft zu Gott, er möge doch seine Frau auch zu ihm kommen lassen, denn er liebe sie doch so sehr. Gott aber erlaubt dies nicht, denn seine Frau hatte noch viele Aufgaben zu erfüllen. Auch wenn sich der Verstorbene seine Lieben herbeisehnt und Gott darum bittet, wird Gott seine Pläne, die er mit einem Menschen hatte, nicht ändern. Allerdings darf der Verstorbene den noch Lebenden beistehen. Er kann sie immer besuchen und viele Helfer und gute Gedanken schicken. Sei es im Traum oder im Wachzustand. Wie du weißt, besitzen auch viele Menschen die Gabe, mit den Verstorbenen zu kommunizieren. Auch das ist von Gott gewollt. Das passiert meistens dann, wenn die Menschen einen gewissen Weg einschlagen sollen und die Richtung nicht kennen. Es kann aber auch im Moment großer Trauer sein, dass sich der Vorhang ins Jenseits ein wenig lichtet, damit das Leid etwas weniger wird. Doch die meisten Menschen sehen die

Zeichen nicht, besonders in der Trauerphase sind sie für die kleinen Wunder nicht empfänglich."

Man muss sich einmal vorstellen, wie das Leben eines einzigen Menschen das Leben in seiner ganzen Umgebung verändern kann. Denken Sie nur einmal an die Geburt oder an den Tod eines Menschen, was das alles bewirkt. Jeder Mensch ist für jeden anderen Menschen in seiner Umgebung wichtig und einzigartig. Auch Sie haben Ihre und für Sie bestimmte Aufgaben zu erfüllen.

Sein Freund im Jenseits sagte weiter zu dem Neuankömmling: „Es ist in der geistigen Welt so viel Ähnliches vorhanden wie auf der irdischen Welt. Auch wir haben unsere Wohnungen, unsere Veranstaltungen, unsere Bibliotheken, unsere Gärten, unsere Blumen, unsere Musik, Medikamente (für die Welten), Glasmalereien, Gewässer, Meere, Tiere, unsere Liebe. Nur viel intensiver und weitaus schöner. Auf unserer Seite gibt es keine Kälte, keinen Regen, bei uns ist es immer warm und hell. Wenn die Menschen das nur sehen könnten, dann hätten sie keine Angst mehr vor dem Tod und könnten sich für den Verstorbenen freuen.

Du bist sehr jung aus dem Leben geschieden, wenn du aber als alter Mensch die Erde verlässt, bist du wieder jung, wenn du hier ankommst, denn die Seele altert nicht. Nur der irdische Leib wird alt und müde. Am Anfang ist dir die jenseitige Welt fremd und du hast noch immer Sehnsucht nach deinen Lieben auf der Erde. Aber nach einer Weile findet man die „Neue Welt" weitaus interessanter."

Dann wurde der junge Mann von seinem Schutzgeist abgeholt, der ihn auch während seines irdischen

Daseins begleitet hatte. Er war sehr liebenswürdig und erklärte ihm, dass er nun ein paar neue Aufgaben übernehmen müsse. Aber er müsse noch einige Schulen besuchen, da er die Erde ja bereits nach kurzer Zeit wieder verlassen hatte. Nachdem er sich von seinen Familienmitgliedern verabschiedet hatte, da sie auf einer unteren Ebene zu Hause waren, führte ihn sein Schutzgeist in eine höhere Ebene. Obwohl er jünger war als seine Großeltern und Freunde und Verwandte, war er eine weiter fortgeschrittene Seele. Sein Schutzgeist erklärte ihm, dass er fortan seine Lieben auch besuchen dürfe, aber es sei ihnen nicht erlaubt, zu ihm zu kommen. Sie müssten sich diese höhere Ebene erst verdienen. Alles auf dieser Ebene, die er nun sah, war um einiges schöner und heller als auf der Ebene seiner Großeltern. Da er seine Eltern und Geschwister auf der Erde zurücklassen musste, kam er in eine neue Familie, die ihn mit viel Liebe aufnahm. Es war seltsam, denn sie kamen ihm alle sehr vertraut vor. Nun durfte er sich all den Aufgaben widmen, die er gerne tat und die er auf der Erde nicht vollenden konnte.

Oft verneigen wir uns auf Erden vor ganz bestimmten, mächtigen Menschen. Aber viele von ihnen werden im Jenseits nicht mehr verehrt, sondern da kann es sein, dass der Bettler von der Straße, im Jenseits weitaus höher gestellt ist, als der Direktor oder der reiche Unternehmer. Auf der anderen Seite wird anders gerechnet als auf Erden. Da wird das Gewand schön und hell, wenn die Seele schön ist. Ich sage es euch nochmals, auf der anderen Seite zählen nur die Taten der Nächstenliebe. Lebt bitte danach, denn ihr seid länger auf der anderen Seite als auf der Erde. Das ist nur ein Leben auf Probe und ein Leben um zu lernen. Wir alle lieben den gleichen Gott, egal welcher

Religion wir vorher angehört haben. Auf der anderen Seite sind wir alle im gleichen Glauben vereint und einig. Deshalb bekriegt euch nicht um des Glaubens willen, denn es gibt nur einen Gott. Und es zählt nur eure Liebe zu Gott und eurem Nächsten. Auch wenn es oft schwierig ist, alle Menschen zu lieben. Bevor ihr sie schlecht behandelt, geht ihnen lieber aus dem Weg. Begangenes Unrecht erfordert Wiedergutmachung im Jenseits. Auf der anderen Seite sind wir alle eine Familie, Brüder und Schwestern. Gott ist unser Vater und wir sind alle eine einzige Familie. Wenn ihr zu Lebzeiten wüsstet, wie viele wunderbare Seelenverwandte ihr auf der anderen Seite habt, hättet ihr bestimmt Heimweh. Aber ihr sollt es nicht wissen, denn sonst könntet ihr eurer Aufgabe und den Pflichten auf Erden nicht mehr nachkommen, ihr hättet ständig Heimweh.

Auf der Erde fragt man sich ständig, wer kümmert sich denn um die kleinen Kinder, die früh sterben, und deren Eltern noch auf der Erde leben? Wir kümmern uns auch um die Kinder, die auf eurer Welt viel Unrecht erfahren. Warum glaubt ihr, sehen Kinder Dinge, die euch noch verborgen sind? Gott schickt seine Engel auf die Erde, damit diese sich um einsame, kranke und unglückliche Kinder kümmern, die von ihren Eltern misshandelt werden. Die Kleinen können die Engel sehen, aber ihr nicht und die Engel sind oft der einzige Trost, der so einem kleinen Wesen zuteil wird. Alle kleinen Kinder stehen unter dem besonderen Schutz der Engel. Denn sie sind Seelen, die noch nicht lange auf der Erde sind und noch dem besonderen Schutz der Engel unterstellt sind. Erst wenn das Kind erwachsen wird, übernimmt der Schutzgeist die Verantwortung für seinen Schützling. Besonders wenn der Körper schläft, kann sich die Seele des Menschen vom Körper lösen und mit lieben

Menschen im Jenseits zusammenkommen. Wer auf Erden eine gute Tat vollbringt, ist von vielen schützenden Seelen umgeben. Jede gute Tat, die wir auf dieser Erde vollbringen, wird auf der anderen Seite reich belohnt. Ich kann gar nicht genug darüber berichten. Immer wieder denke ich, wie einfach es doch ist, für immer auf der anderen Seite glücklich zu sein. Aber leider gibt es zu viele irdische Sprüche wie: „Man lebt nur einmal" oder „man ist noch lange tot" oder „man muss das Leben genießen, denn man hat nur ein Leben." Wir werden viel zu wenig über ein Leben nach dem Tod aufgeklärt, aber viele Menschen wollen auch gar keine Aufklärung.

Sterben bedeutet im Jenseits „geistige Geburt" und die Geburt auf der Erde bedeutet für die Jenseitigen „geistiger Tod". Der schwere, plumpe Körper schränkt ein und das ist für eine Seele, die sich frei fortbewegen kann, gleich zu setzen mit dem Tod. Deshalb weigern sich auch viele, auf die Erde zu gehen. Nur der geistige Reichtum ist von Dauer, egal ob wir ihn im Jenseits oder im Diesseits erworben haben. Irdischer Reichtum kann eine Prüfung und irdische Armut kann eine Gnade Gottes sein. Menschen, die mit viel Geld gesegnet sind, vergessen manchmal die wichtigen Dinge des Lebens. Ein armer Mensch ist für Kleinigkeiten dankbar, die ihm im Leben zuteil werden. Reiche Menschen können sich an nichts mehr erfreuen, denn sie haben ja schon alles! Wer ist glücklicher? Nur geistiger Reichtum zählt, den wir uns auf der Erde erworben haben und nur dieser ist von ewiger Dauer. Wenn man geistigen Reichtum erwirbt, hat man auch viele geistige Freunde und man muss keine Angst haben, denn in der geistigen Welt herrscht eine große Verbundenheit mit dem Anderen.

Ich möchte Ihnen heute über etwas berichten, was auch mich sehr verwundert hat. Es wurde einem Medium überliefert. Es handelt von einer Frau, die von ihrem Erdenleben berichtet und wie anders es verlaufen ist, als sie auf der anderen Seite ankam:

Anna war immer der Meinung, auf der Erde eine sehr fromme Frau gewesen zu sein. Sie hatte zwei Kinder, einen Sohn und eine Tochter. Sie ging oft in die Kirche und betete sehr viel. Sie dachte immer, dass es Gott gefallen würde, wenn sie ihre beiden Kinder Gott schenken würde. Sie brachte es fertig, dass ihre Tochter Ordensschwester und ihr Sohn Priester wurde. Sie war sich dabei immer ganz sicher, dass Gott ihr deshalb ihre Sünden, die sie auf der Erde begangen hatte, schneller verzeihen würde. Sie sah alles als Wiedergutmachung an. Anna war eine sehr arrogante, überhebliche Person, die immer glaubte, im Recht zu sein.

Als sie dann in der geistigen Welt ankam, wurde ihr gesagt, dass sie viel zu viel Unfrieden auf der Welt gestiftet habe durch ihre Art einen gegen den anderen auszuspielen. Anna aber war der Meinung, sie erhalte eine besondere Belohnung, da sie ja Gott ihre beiden Kinder gewidmet hatte. Aber das war nicht so und sie war bei der Ankunft im Jenseits enttäuscht. So etwas Großes hatte sie geleistet und es wurde ganz anders bewertet. Dann wurde sie von ihren Eltern begrüßt, diese sagten aber zu ihr, wir können leider nicht zusammen bleiben, denn du musst hier noch einige andere Aufgaben erfüllen. Sie versuchte nochmals einem Engel zu erklären, was sie Großartiges geleistet hatte und meinte, die gute Tat muss doch von Gott belohnt werden, der Engel aber verneinte. „Du musst zuerst einmal sehen, was du falsch gemacht hast, wir werden es dir zeigen." „Aber meine

Kinder beten doch für mich!" Der Engel sagte zu ihr: „Die Gebete werden dir helfen, aber nicht sofort, denn du musst noch viel lernen. Du musst nun selbst beweisen, dass du fähig bist, in der geistigen Welt etwas zu leisten."

Sie wurde auf eine andere Ebene in ein Dorf geführt. Dort brachte der Engel sie in ein Haus, das sie mit anderen Menschen teilen musste, es waren 15 an der Zahl. Das gefiel ihr gar nicht, denn sie war es nicht gewohnt mit anderen einen Raum zu teilen und ärgerte sich sehr darüber. Sie waren alle so unruhig und so geschwätzig, wie sie es eigentlich auch immer war, aber nun fing es an, sie zu stören. Dann wurde ihr gesagt, sie solle nun mit den anderen aufs Feld gehen und arbeiten. Sie aber weigerte sich und sagte: „Im Himmelreich muss man nicht arbeiten, das kann nicht sein!" Die anderen gingen zur Arbeit, sie aber weigerte sich, tat in der Zeit andere, sinnlose Dinge und ging ihren eigenen Weg. Es war aber auch niemand da, der sich großartig um sie kümmerte. Die anderen erzählten sich, was sie beim Arbeiten erlebt hatten, aber ihre Meinung war nicht gefragt. Es wollte auch niemand wissen, was sie den ganzen Tag gemacht hatte. Aus Langeweile suchte sie in der geistigen Welt nach Verwandten und Bekannten. Sie fragte sie alle aus und wollte wissen, ob sie denn auch zur Arbeit müssten. Einige bejahten und andere waren genau wie sie, lustlos und desinteressiert, also genau wie damals, als sie noch auf der Erde waren. Dann traf sie ein Ehepaar, das damals ganz in ihrer Nähe wohnte. Sie baten sie, doch zur Arbeit zu gehen, denn man müsse Gott gehorchen, um weiter zu kommen. Sie sähe ja ganz erbärmlich aus. Sie sah das aber nicht so, denn sie legte keinen Wert auf ihr Äußeres. Ihre Bekannten sahen allerdings sehr gut aus. Sie baten sie nochmals, mit ihnen zur Arbeit zu kommen.

Anna sagte: „Während ihr arbeitet, werde ich zu Gott beten und mein Gebet ist sicher genau so viel Wert und gottgefällig wie eure Arbeit!" „Versuche es doch einmal mit Arbeit, dann wird es dir auch bald wieder besser gehen. Das Jenseits ist kein Ort zum Schlafen, du musst dir auch hier alles verdienen, wenn du es dir nicht bereits auf der Erde verdient hast. Erst durch gute Taten kommst du an ein schönes Aussehen, schöne Kleidung und in eine schönere Umgebung."

Anna fing dann doch an zu überlegen, „eigentlich schaue ich wirklich furchtbar aus, aber was ich anhabe, das hat man mir gegeben, als ich hier ankam. Ich musste auf der Erde auch nie arbeiten, mein Mann und meine Familie haben das für mich getan, ich ging eigentlich immer mit wenig Arbeit und ohne Stress durchs Leben. Und hier im Jenseits soll ich aufs Feld, aber aufs Feld will ich nicht! Wenn ich nichts Besseres bekomme, mache ich lieber gar nichts", dachte Anna. Dann, eines Tages, bekam Anna Besuch aus einer anderen Welt. Es war die Hausiererin, der sie früher immer die Türe vor der Nase zugeschlagen und nur ganz selten bei ihr gekauft hatte. Sie war ihr viel zu ärmlich und unsozial, sie passte einfach nicht in ihre damalige Welt. Jetzt, im Jenseits, erkannte sie diese ärmliche Frau nicht mehr wieder. Sie kam von einer anderen Ebene, nur um ihr Mut zu machen und um ihr zu helfen. Gott hat viel mehr Freude an ihr als an mir, wie ist das nur möglich, die hatte doch so viele Kinder und war so ärmlich? Außerdem muss Gott mir doch anrechnen, dass ich ihm zwei meiner Kinder geschenkt habe, um ihm im Orden zu dienen. „Ich kann diesen Gott nicht verstehen", sagte Anna. **„Du warst doch nur eine ärmliche Hausiererin, wie schön schaust du denn aus? Was hast du besser gemacht als ich und der Rest von uns auf dieser Ebene?"** „Du hast Recht, ich war nur eine

Hausiererin, aber Gott hat es belohnt. Meine Mühe auf der Erde, die ich hatte, um die vielen Kinder zu guten Menschen zu machen. Die Liebe und die Aufopferung für meine Kinder wurde von Gott sehr großzügig belohnt. Aber ich bin heute nicht gekommen, um dich zu tadeln, sondern um dir zu helfen. Ich bin immer ehrlich durchs Leben gegangen, obwohl ich so viele Kinder hatte und wir so arm waren." Sie, die ehemalige Hausiererin, riet Anna wieder zur Arbeit und zur Einsicht. Das sei der einzige Weg zu Gott und zur Vergebung der Sünden. „Lerne, arbeite und tue Gutes, sagte sie zu Anna!"

Aber Anna lungerte nur herum. Dann kam ein sehr gutaussehender Mann auf sie zu und sagte: „Wo kommst du denn her, warum bist du nicht bei der Arbeit?" Anna erwiderte: „Es hat mich ja keiner hingeführt!" Der Mann muss ein Engel gewesen sein, denn er nahm sie sanft beim Arm und führte sie an ihre Arbeit. Auf dem Feld angekommen sah sie dann plötzlich all die anderen, die mit ihr in dem Haus wohnten. Aber was sie nun auch sehen konnte, das war die Schönheit der Blumen und Sträucher und Bäume. Es gab dort auch Steine. Der Engel sagte nun zu Anna: „Das ist der Ort, wo du arbeiten sollst, da gehörst du hin!" Anna wagte nicht, ihm zu widersprechen, denn er war eine sehr autoritäre Persönlichkeit. Sie dachte: „Warum muss ich hier nur arbeiten, das ist doch der Himmel?" Der Engel konnte sie verstehen und antwortete: „Du wirst die Antwort noch erhalten!"

Als ein anderer Engel sie sah, sagte dieser: „Anna, du schaust aus wie eine Bettlerin und wenn du aus diesem Dorf herauskommen willst, musst du etwas leisten. Du hast es während deines Erdenlebens versäumt. Auf der Erde hättest du einer Frau, die ausschaut wie du jetzt, noch nicht einmal die Hand gegeben." Anna musste ihm da leider zustimmen. „Das ist wahr", sagte sie. „Aber denke doch an meinen Sohn und meine Tochter." „Das weiß ich", sagte der Engel, „aber du kannst dich nicht immer mit den guten Taten der Anderen brüsten. Nur deine Taten zählen. Ich werde dir einen anderen Engel senden, der sich um dich kümmert, denn sonst wirst du immer eine Bettlerin bleiben." Und tatsächlich, immer wieder wurde sie von einem Engel angetrieben, ihre Arbeit zu tun. Sie konnte nicht mehr wie am Anfang einfach so herumlaufen und nichts tun. Diese Zeiten waren für sie vorbei. Er schien nur Augen für sie zu haben und beobachtete sie ständig. Plötzlich setzte bei ihr der Verstand ein, sie fing an nachzudenken und auf einmal wurde ihr klar, warum sie hier war. Sie musste in der geistigen Welt das nachholen, was sie auf der Erde versäumt hatte. Gott hatte ihr zwar die Chance schon auf der Erde gegeben, aber sie hatte sie vertan. Sie dachte, wenn sie regelmäßig betete und ihre Kinder in den Orden schickte, sei das die Eintrittskarte zu Gott und in den Himmel. Aber was hat sie denn eigentlich Positives geleistet, auf das sie hätte zurückblicken und stolz sein können? Sie hat weder geliebt noch hat sie Liebe gegeben. Für andere hatte sie nichts getan, im Gegenteil, sie hatte sie verachtet und über sie geschimpft.

Nachdem sie fleißig gearbeitet hatte, bekam sie ein schöneres Gewand. Von nun an konnte sie auch spüren, dass die anderen viel mehr Respekt vor ihr hatten. Auch die schönen Engel erklärten ihr, dass sie sich ihre Schönheit selbst verdienen mussten. Schönheit erhält man durch Liebe, Aufopferung am Nächsten und durch Fleiß. Die Engel sind ganz nah bei Gott und alle betrachten ihn mit Ehrfurcht. Anna kann heute nicht mehr verstehen, warum sie ein so schlechter Mensch war und immer glaubte, im Recht zu sein. Nichts und Niemanden hatte sie gelten lassen, alles musste nach ihrem Willen geschehen, sie stellte fest, sie war viel zu egoistisch. Während ihres ganzen Erdendaseins hat sie nie an andere gedacht. Nachdem sie ein besseres Aussehen durch den Fleiß ihrer Arbeit erlangt hatte, durfte sie Schulen besuchen, um zu lernen. Dann wurde sie in den Dienst des Nächsten gestellt und durfte anderen Menschen helfen. Menschen, die wie sie auf der Erde nichts Positives bewirkt hatten. Um ihr Seelenheil sollte sie sich bemühen, wenn sie so uneinsichtig waren wie sie. Aber ihr ging es nun genau so wie den anderen, die versucht hatten, ihr Hilfestellung zu leisten: Zuerst wird alles abgelehnt, man sieht seine Fehler nicht ein. So durfte sie allmählich mehrere Stufen aufsteigen. Es hat bei Anna sehr lange gedauert, bis sie zur Einsicht gelangte, dann aber wurde sie von Gott belohnt.

Was wir auf der Erde falsch gemacht haben, das muss im Jenseits wieder gut gemacht werden. Wir bekommen nichts geschenkt, was wir uns auf der Erde nicht erarbeitet haben, das müssen wir im Jenseits nachholen. Deshalb sprach ich heute zu euch durch ein Medium und sage euch in aller Liebe. „Denkt nicht nur an euch, denkt an jeden anderen zuerst und an euch zuletzt, dann entgeht ihr den schlimmen Prüfungen, denen die meisten ausgesetzt werden, die das Gebot der Nächstenliebe nicht kennen und nicht leben. Liebt Gott über alles und den Nächsten wie euch selbst. Das ist auch das, was Gott uns immer versucht hat zu übermitteln. Gott liebt euch, versucht auch Ihr ihn zu lieben."

Kinder haben keine Angst vor dem Tod

Manchmal muss man sich wundern, wie kleine Kinder, besonders, wenn sie noch sehr klein sind, mit dem Thema Tod umgehen. Da trösten Kinder die Oma, wenn der Opa verstorben ist, indem sie sagen: „Oma, sei nicht traurig, dem Opa geht es gut, er ist jetzt bei den Engeln!" Aber woher wissen sie das alles, obwohl man ihnen vorher noch nie etwas über den Tod erzählt hat? Man möchte sie mit dieser Thematik ja nicht belasten. Aber trotzdem trösten sie uns Erwachsene. Sie sind noch sehr intensiv mit den anderen Welten verbunden und haben deshalb auch keine Angst vor dem eigenen Tod. Das ändert sich allerdings, wenn sie älter werden.

Wie oft stirbt ein kleines Kind. Die Eltern sind furchtbar traurig, verzweifeln, sehen Gott nicht mehr als Freund, sondern als ihren größten Feind. Warum gerade mein Kind, es hat doch niemandem etwas getan! Aber gerade dieses Kind, ihr Kind, hatte Heimweh nach seinem früheren Sein. Auf der anderen Seite ist so vieles einfacher und leichter. Man kann Dinge bewirken, zu denen wir hier auf der Erde nicht fähig sind. Oft sagen die Eltern nach dem Tod eines Kindes: „Mein Kind trug alles so mit Fassung, hat uns sogar noch getröstet, wie ist das nur möglich?" Es war deshalb möglich, weil das Jenseits noch in seinen Gedanken und in seiner Seele gespeichert war. Der Tod ist für die meisten Menschen etwas Dunkles, Unbekanntes. Für die Kinder ist der Tod nicht tot und ein düsterer Ort, sondern das Jenseits ist ein heller, sonniger Ort, mit blühenden Wiesen, mit wunderbaren Menschen und Tieren. Ein Ort, wo sie immer zu Hause waren. Viele Kinder berichten ihren Eltern, wie die Welt auf der anderen Seite aussieht.

Wäre es nicht traurig, wenn unser Leben nur 60 oder 80 Jahre währen würde? Wenn unsere Gedanken, unser Wesen, unsere Liebe nach diesem kurzen, schwierigen Leben für immer beendet wäre? Was wir bereits vergessen haben, wissen unsere Kinder noch immer. Viele Eltern, die ein Kind verloren haben, sagen, meine Tochter/mein Sohn gab mir immer wieder die Kraft durchzuhalten. Die Kinder spenden den Eltern Trost. Verlassen Sie sich auf die junge Seele, denn sie weiß es besser als wir. Wenn Kinder sterben, erzählen sie ihren Eltern sogar, wo sie hingehen und wen sie auf der anderen Seite treffen. Sie berichten auch von schönen Häusern, wunderschönen Gewässern, Sternen, Gärten, wunderschönen Blumen in unbeschreiblichen Farben. Haben Sie keine Angst um Ihr Kind und machen Sie ihm den Abschied nicht zu schwer. Weinen Sie nicht, sondern geben Sie ihm tröstende Worte mit ins Jenseits. Stärken Sie es und sagen Sie ihm, dass Sie ja nur für kurze Zeit von ihm getrennt werden. Das Sie bald nachkommen und dass in der Zwischenzeit Oma und Opa auf der anderen Seite auf es aufpassen werden. Kinder kann man nicht anlügen, denn sie wissen ganz genau, dass und wann sie gehen müssen. Ihr Kind wird weiterhin bei Ihnen sein und wird zu Ihrem persönlichen Schutzengel. Ich habe mit so vielen Frauen gesprochen, die ihr geliebtes Kind verloren haben. Auch sie waren verzweifelt, wollten am liebsten sterben, ihre Beziehung ging kaputt, sie konnten dann aber feststellen, dass es ständig Zeichen gab. Ihr geliebtes Kind war noch immer bei ihnen. Oftmals denken die Eltern kurz vor dem Tod eines geliebten Kindes: „Mein Kind phantasiert", aber das ist nicht so, es sieht bereits die Jenseitswelten mit seinen eigenen Augen. Und diese Welten kann man mit unseren Welten nicht vergleichen. Kinder wissen es gibt nur das „Ewige Leben".

Eine Mutter sagte zu ihrem kleinen Jungen: „Jetzt brauche ich Opa keine Blumen mehr zu schenken, denn jetzt ist er tot und hat nichts mehr davon." Der Junge sagte: „Aber Mama, Opa ist doch nicht tot, jedes Mal, wenn du auf dem Friedhof die Blumen aufs Grab legst, sehe ich Opa über dem Grab schweben und sehe wie er sich freut."

Kinder können auch Dinge sehen, die uns Erwachsenen unsichtbar bleiben. Als der Vater von David im Sterben lag, sagte er zu seiner Mama: „Kannst du die vielen Engel sehen, die um Papa herum sind? Seine Mama verneinte. David sagte: „Man muss sie doch sehen, denn sie strahlen nach allen Seiten. Papas Körper strahlt auch." Aber außer ihm konnte das niemand sehen. Viele nennen das Kinderphantasien. Man glaubt auch den Erwachsenen nicht, denen diese Dinge passieren. Man sagt, die gehören in die Klapse.

Vor kurzem rief mich eine Frau an und sagte: „Bitte schicken Sie mir Ihr neues Buch: „Erlebnisse mit Engeln und Verstorbenen". Wir kamen ins Gespräch und Olga sagte: „Mein Mann ist vor ein paar Monaten gestorben. Seitdem sehe ich ihn täglich bei mir zu Hause. Wenn ich ihn nicht sehe, dann höre ich wie die Tür aufgeht oder er im Haus herum läuft. Als ich meinen Kindern erzählte, dass ich ihren verstorbenen Vater sehe und auch eine geistige schwarze Katze, möchten sie seitdem nichts mehr mit mir zu tun haben. Auch darf ich meine Enkelkinder nach diesen Äußerungen nicht mehr sehen. Meine Kinder haben ihnen den Umgang mit mir verboten, weil ich angeblich geisteskrank sei. Ich hätte Olga am liebsten in den Arm genommen und getröstet, denn seit ich diese Bücher schreibe, haben mir ganz viele Menschen die gleichen Erlebnisse geschildert. Wie sie mit ihren lieben Verstorbenen weiterhin Kontakt haben und sich die Familie von ihnen abwendet und für verrückt erklärt. Ich sagte zu Olga, sie solle nicht traurig sein, denn sie sei weder verrückt noch krank, sondern sie gehöre zu den besonderen Menschen, die diese Dinge sehen und erleben dürfen. Mir geht es auch so. Ich sehe Dinge, die andere Menschen nicht sehen und werde belächelt. Aber ich bin nicht geistig krank, denn ich schreibe für eine Zeitung, mache Interviews mit Menschen, auch bekannten Persönlichkeiten. Würde man da eine Verrückte oder Geisteskranke hinschicken?

Nun wieder zu den Kindern. Ein fünfjähriger Junge berichtete vom Jenseits. Er sagte: „Als ich noch drüben in der anderen Welt war, trank ich Wasser immer aus einer wunderschönen Quelle. Es war so sauber und so erfrischend. Wir aßen immer das Obst gleich von den Bäumen, es schmeckte dort viel besser als bei uns auf der Welt. Engel spielten mit uns, sie waren alle lieb zu uns. Wir wohnten dort, wie auch auf der Welt in schönen Häusern. Auf der anderen Seite gibt es viele Sphären. Wenn man viel Gutes tut, dann steigt man schneller auf. Auf der allerhöchsten Ebene ist Gott. Aber es ist ein weiter Weg dahin. Auf der anderen Seite bekommt man auch Unterricht, man muss auch immer lernen. Besonders die Nächstenliebe wird gelehrt. Dort gibt es niemals Langeweile. Die Jenseitswelten sind schöner als der schönste irdische Urlaubsort. Wenn wir von der Erde gehen, werden wir abgeholt und dürfen über die Dinge, die uns auf der Welt passiert sind, berichten. Ich wollte eigentlich nicht auf diese Erde gehen. Aber Gott sagte, „auf der Erde ist es doch auch schön." Ich sagte zu Gott, „aber nicht so schön wie hier, hier ist meine Heimat." Ich habe auch Mutter Maria gesehen, sie sagte: „Auch wenn es dir auf der Erde nicht gefällt, du kannst doch bald wieder zurück, spätestens, wenn du alt bist." Manchmal sind wir in Gruppen auf die Erde geschwebt, aber niemand hat uns gesehen, das hat uns so amüsiert. Wir standen alle in einem Raum und niemand hat uns bemerkt. Wir konnten die Menschen reden hören aber von uns nahm niemand Notiz. Einige Kinder aus meiner Gruppe gingen nach Spanien und ich kam zu dir, Mama, in den Bauch. Ganz plötzlich fühlte ich mich wie in einer dunklen Höhle. Es war nach der Freiheit nicht sehr schön, das Düstere und das eingesperrt sein. Wir dürfen uns die Eltern aussuchen. Meistens ist es so, dass wir in Familien gehen, wo der eine vom anderen lernen soll. Manchmal war die Mutter die Schwester, oder der Vater der Bruder. Wir kommen meistens immer wieder bei der gleichen Familie an. Nur sind die Rollen anders, aber die Seele ist immer die gleiche."

Eine Dreijährige sagte: „Wenn wir alt sind, sterben wir, gehen auf die andere Seite, in den Himmel zurück und werden dann wieder ein Baby."

Ein kleiner Junge sagte: „Mama, ich sah dich immer aus der Luft und wollte unbedingt als dein Kind zu dir kommen."

Ein kleines Mädchen ging mit seiner Mama über den Friedhof und rief erfreut aus: „Schau, Mama, da ist das Grab in das ihr mich gelegt habt!" Die Mutter war ganz erstaunt, denn sie hatte ihrem Kind nie erzählt, dass sie eine Schwester hatte, die bereits verstorben war. Wurde ihr verstorbenes Kind wiedergeboren? Woher sollte ihre Tochter wissen, dass ihre Schwester da beerdigt wurde?

Alle Kinder, die sich noch an das Jenseits erinnert hatten, berichteten, dass sie nicht gerne auf die Erde gingen. Drüben auf der anderen Seite sei alles viel schöner, leichter, freier, farbenfroher, fröhlicher, angenehmer. Aber sie hätten hier auf dieser Erde noch etwas zu lernen oder sollten Menschen etwas beibringen. Viele rätseln, warum es den Kindstod gibt. Das Kind war doch völlig gesund, niemand kann es verstehen. Eine junge Kinderseele sagte: „Der plötzliche Kindstod ist nichts anderes, als das Heimweh nach dem Jenseits." Diese Seelchen hatten Schwierigkeiten bei uns auf der Erde, sie sehnten sich nach dem Ort, wo sie herkamen. Während Kinder schlafen, sind ihre Seelen noch jahrelang des Nachts auf der anderen Seite. Sie treffen sich drüben, eines Tages entschließen sie sich einfach, nicht mehr zurück zu kommen. Es ist furchtbar für die Eltern, aber es ist schön für das Baby. Es fühlt sich im Jenseits wieder daheim und geborgen. Die Welt war ihm zu kalt, zu lieblos und zu unpersönlich. Es hat nichts mit den Eltern zu tun. Das Kind hat ja gerade sie ausgesucht. Aber die Seele hat sich das Erdenleben doch einfacher vorgestellt. Sofort nach ihrer Geburt spüren diese Seelen die Kälte der Diesseitswelten. Das ist ein Schock für sie.

Geht es uns nicht auch manchmal so, dass wir denken „und das soll alles gewesen sein?" Ein Leben voller Arbeit, Krankheit, Schmerz, Leid, und Lieblosigkeit? Die Kinder berichten uns, dass wir uns nicht fürchten sollen vor dem Tod, dass er etwas Positives ist. Wir müssen unsere Angst ablegen. Natürlich ist es schlimm, jemanden gehen zu lassen. Ich mache gerade die gleiche Erfahrung. Ich weiß selbst, dass meine Mama auf der anderen Seite viel besser aufgehoben wäre, trotzdem will ich nicht loslassen. Auch wenn sie im Pflegeheim ist, weiß ich, meine Mama ist noch da. Ich kann sie weiterhin in den Arm nehmen, mit ihr reden, ihr erzählen, wie sehr ich sie liebe. Aber es ist auch viel Egoismus dabei, wenn man nicht loslassen möchte. Ich weiß, dass meine Mama wegen mir nicht gehen kann. Immer wieder bete ich zur Mutter Gottes, dass sie meiner Mama hilft. Und immer wieder werde ich erhört.

Ein Mann spricht mit seiner verstorbenen Frau

Seit zwei Jahren bin ich Witwer. Immer wieder spüre ich die Anwesenheit meiner geliebten Frau. Wohin ich auch immer gehe, ich habe immer das Gefühl, sie begleitet mich. Meine Frau Sybille ist zwar tot, aber ich spüre, sie lebt trotzdem weiter. Wir unterhalten uns, als wäre sie noch immer hier, genau wie zu ihren Lebzeiten. Denken Sie bitte nicht, dass ich verrückt bin. Ich bin nach wie vor gesund, obwohl ich bereits 64 Jahre alt bin. Auf mein Bitten, dass meine Frau mir das Jenseits einmal beschreibt, antwortet sie mir jedes Mal: „Das Jenseits ist überall." Sie sei zwar körperlos, aber sie befinde sich weiterhin mitten im Leben. Das müsste ich doch bereits lange bemerkt haben, sagte sie immer wieder. Man benötigt keinen Mund um zu sprechen, keine Augen um zu sehen und auch kein Herz um zu lieben. Es gäbe auch keine Zeit, behauptet meine verstorbene Frau. Es gibt weder Vergangenheit, noch Gegenwart oder Zukunft. Bei ihr gebe es auch keine Angst, denn alles was geschehen könne, sei längst geschehen. „Für euch auf der Erde ist die Zeitlosigkeit nicht zu begreifen", sagt sie, „denn bei euch geht alles nach Zeit, alles wird gemessen und berechnet. Alles muss seine Ordnung haben. Erst wenn ihr auch auf der anderen Seite seid, dann werdet ihr von den engen Grenzen eurer Vorstellungskraft befreit sein." Ich fragte meine

Frau, warum nicht alle Verstorbenen mit den Lebenden kommunizieren, darauf antwortete meine Frau: „Weil ihr es nicht begreifen würdet, deshalb kann ich es dir auch nicht sagen. Aber Liebe spielt eine große Rolle."

Für alle, die mit diesem Bericht Probleme haben, möchte ich eine Erklärung dazu schreiben.

Es gibt ganz viele Gründe, warum nicht jeder seine Lieben auf der anderen Seite sehen kann. Das alles hat tatsächlich mit Liebe zu tun, auch wenn sich der Verstorbene nicht zeigt. Der Hauptgrund, warum wir nach dem Tod eines Lieben gar nichts sehen oder spüren, ist die Trauer. Wer trauert und weint, kann nichts sehen, auch die lieben Jenseitigen nicht, die sich bei uns bemerkbar machen wollen. Die uns immer sagen wollen: „Mir geht es gut, mach dir keine Sorgen um mich!" Das ist die erste Reaktion nach dem nach Hause kommen. Das Zuhause ist die andere Seite, nicht das Diesseits. Wenn Ihre Augen mit Tränen gefüllt sind, können Sie auch nichts sehen.

Ein anderer Grund, ist der, dass wir uns lösen müssen, von dem Gedanken, bei dem geliebten Menschen auf der anderen Seite sein zu wollen. Wären wir im ständigen Kontakt mit einem geliebten Menschen von der anderen Seite, dann würden wir gar nichts anderes mehr tun, als mit ihm zu kommunizieren. Wir könnten unsere tatsächliche Aufgabe im Diesseits nicht mehr richtig erfüllen. Wir würden Menschen, die uns brauchen, vernachlässigen und vieles mehr.

Das kein Kontakt mit den Jenseitigen zu Stande kommt, kann auch mit unserer Psyche zusammenhängen. Der Jenseitige weiß, dass unsere

Seele noch nicht bereit ist für einen Jenseitskontakt. Sie möchten uns weder schaden, noch erschrecken.

Viele Menschen fragen mich, „Wie kannst du damit leben, dass du die Jenseitigen siehst?" Es war ein langer Prozess. Wäre mir das ganz plötzlich passiert, hätte ich sicherlich einen Nervenzusammenbruch erlitten. Aber alles passierte ganz langsam. Wer alle meine Bücher gelesen hat, weiß wie alles anfing. Es war am Anfang sehr sanft und es dauerte viele Jahre, bis es das jetzige Ausmaß erreicht hatte. Nun bin ich glücklich über die Jenseitskontakte, aber früher hätten sie mich sicher krank gemacht. Am Anfang konnte ich in den Büchern, die ich mir kaufte, wie „Leben nach dem Tod" nur unter großen Schwierigkeiten lesen. Ich hatte Angst. Ich musste mich zwingen, diese Bücher zu lesen, um meine Angst vor dem Tod zu verlieren. Es war eine furchtbare Zeit für mich. Nun habe ich das Sterben und den Tod verstanden, dadurch wurde ich ein glücklicher Mensch. Wer hat nicht Angst vor dem Sterben? Sicherlich jeder. Deshalb gibt es nur eine Lösung: Man muss sich vorbereiten, denn es sterben nicht immer nur die anderen. Jeden Tag werden Menschen aus unserer Mitte gerissen, jung oder alt, der Tod kennt keine Grenzen, kein Alter, kein Mitleid. Aber der Tod kann seinen Schrecken verlieren, wenn man ihn kennt. Wenn man sich mit ihm anfreundet, ihn verstehen lernt, sich mit ihm verbündet. Haben Sie keine Angst, denn nur wer etwas nicht kennt, hat Angst. Sie lesen diese Bücher, Sie sind auf dem besten Weg, den Schrecken des Todes zu verlieren. Denn es gibt keinen Tod, nur das „Ewige Leben."

Ein behindertes Wunderkind

Aus "Hour of Power", Interview von Dr. Robert H. Schuller mit Cathleen Lewis:

Dr. Schuller: Wir haben Cathleen eingeladen, weil sie eine großartige Geschichte zu erzählen hat. Vielleicht haben Sie es ja schon bemerkt: Diese Gemeinde ist anders als andere Gemeinden, wir legen Wert auf Lebensberichte, andere Kirchen mehr auf Predigten. Wir versuchen nicht, von hier oben nach unten zu predigen. Wir versuchen, Menschen zu finden, die herkommen und erzählen können, was Gott in ihrem Leben getan hat. Wir sagen ihnen, halten Sie keine Predigt. Erzählen Sie uns nur die wahre Geschichte, wie Sie gesegnet und gerettet wurden. Und das ist die großartige Geschichte von Cathleen und ihrem lieben Sohn Rex. Ihre Geschichte wurde in einer 60-minütigen Sendung auf CBS gezeigt. Rex wurde mit einer großen Zyste im Gehirn geboren, die zu Blindheit und Autismus führte. Ungeachtet dessen, dass Rex mit dieser starken Behinderung geboren ist, ist er ein musikalisches Genie. Er hat das absolute Gehör. Er ist in der Lage, jedes Lied zu hören und kann es sofort auswendig nachspielen. Cathleen ist hier, um ihre Geschichte zu erzählen, wie sie Rex Gott anvertraut hat und dabei selbst zum Glauben kam.

Cathleen: Fangen wir an mit Rex. Über ihn werden wir heute am meisten reden. Als Rex zur Welt kam und auch schon als ich schwanger mit ihm war, hatte ich viele Träume für ihn, wie alle, die ein Kind bekommen. Aber als Rex geboren wurde, war es mehr wie ein Tod für mich. Ein paar Tage nach seiner Geburt erfuhr ich, was mit meinem Kind tatsächlich los war. Als er geboren wurde, verliebte ich mich in mein Kind und war für immer verliebt in dieses Baby. Es war das stärkste Gefühl, das ich je hatte. Aber ich wusste, dass er eine Zyste im Gehirn hatte, die operiert werden musste und nach der Operation dachten wir, das war es. Wir dachten, wir könnten einfach weiterleben und unsere Träume erfüllen mit diesem wunderbaren Kind. Aber es gab Komplikationen. Dann erfuhren wir, dass er blind war. Das war erschütternd. Das fühlte sich an, als würde ich sterben und mein Herz zerbrach für mein Baby. Er war gerade mal 4 ½ Monate alt. Es sah so aus, als ob er mich fokussieren würde, aber seine Augen wanderten. Ich dachte, vielleicht schielt er ja nur etwas und man kann das korrigieren. Ich war also nicht vorbereitet darauf, dass er blind war. Es war ein gewaltiger Schock für mich. Ich fiel aus allen Wolken. Für mich war der Schmerz zu groß, um ihn zu begreifen. Wie sollte ein blindes Kind überleben und die Welt verstehen? Das erdrückte mich. Aber die Blindheit war nur der Anfang. Kurz darauf wurde deutlich, dass er sich auch in anderen Bereichen nicht entwickelte. Die Zyste hatte offenbar auch andere Teile des Gehirns geschädigt. Er lernte nicht zu laufen oder zu sprechen und wurde sehr empfindlich. So, als wäre sein ganzer Körper ein einziges Nervenende. Seine Hände ballte er immer zu Fäusten, um nicht irgendetwas berühren zu müssen, weil sie so empfindlich waren. Auch seine Ohren. Er hörte jeden leisesten Ton und wurde davon überwältigt. Sein Gehirn war komplett außer Funktion, es gab alles falsch weiter. Es brach mir das Herz, dass ich ihn zur Welt gebracht hatte und er es so schwer hatte. Ich fühlte mich schuldig. Es waren Schuldgefühle, von denen ich glaubte, ich könnte sie nie mehr überwinden. Sie fraßen mich förmlich auf, weil ich dachte, es wäre alles meine Schuld. Wie konnte ich als Mutter ein Kind in diesem Zustand auf die Welt bringen? Ich hatte solche Angst. Ich war auch keine Christin. Erst die Erfahrung mit Rex brachte mich auf die Knie und führte mich dazu, Christus kennen zu lernen. Das Leben mit meinem Sohn war wie ein ständiger Tanz auf rohen Eiern. Es überforderte mich völlig. Deshalb zerbrach auch meine Ehe. Ich war schließlich völlig alleine und verängstigt. Bis dahin dachte ich, meine Probleme alleine lösen zu können. Aber ich schaffte es nicht und fing an zu suchen. Gott kam dazu. Er gesellte sich zu uns, in mein Leben. Er zog mich zu sich und schenkte mir zwei Wunder. Als ich anfing, in die Kirche zu gehen, um aus Verzweiflung für meinen Sohn zu beten, erlebte ich sofort zwei Wunder. Das eine war das kleine Keyboard für Rex, das er zu seinem zweiten Geburtstag geschenkt bekam, direkt nachdem ich anfing, in die Kirche zu gehen. Das war ein Gnadengeschenk Gottes. Als Rex seine Finger zum ersten Mal auf die Tasten legte, glaube ich, wusste er, dass es direkt von Gott kam. Irgendetwas an diesen Tasten lockte ihn aus seiner Empfindlichkeit. Er öffnete seine Hände und diese Tasten machten Sinn. Die Tasten, die Noten, die Ordnung. Es war, als gäbe Gott ihm die Musik, wo die Welt ihm nur Chaos und Dysfunktion gab. Ich stellte fest, er war musikalisch. Am Anfang, als er mit dieser Überempfindlichkeit zu kämpfen hatte, gab es nur eines, das ihn nicht überforderte: die Musik. Klassische Musik. Er hatte dann immer einen friedlichen Gesichtsausdruck, wenn er Mozart hörte. Aus diesem Grund besorgten wir ihm das kleine Keyboard. Er fing an, kleine Melodien zu spielen und ich wollte seine Stimme hören. Er konnte immer noch nicht gehen oder sprechen. Die Spezialisten dachten, dass er nie laufen oder sprechen würde. Aber er fing an, auf seinem kleinen Keyboard zu spielen. Er spielte jeden Tag und lebte auf. Er fand Leben, Kreativität und erfand Klänge. Eines Tages spielte ich ihm Beethovens Ode an die Freude im Wohnzimmer vor. Er setzte sich an sein Keyboard und spielte sie nach. Da war er drei Jahre alt. Ich wollte hören, wie er Mama sagt. Aber als ich die Musik hörte, wusste ich, ich würde seine Stimme hören, wenn ich nur geduldig bin. Das war Gott, der in mir diesen Glauben wachsen ließ. Von da an entwickelte sich seine Musik. Er bekam Unterricht als er etwa 5 ½ Jahre alt war. Sein erster Lehrer nannte seine Musik, sein Klavier „von Gott berührt", weil er Rex nicht die Grundlagen beibringen musste und die Theorie. Er zeigte Rex einmal eine Tonleiter und am selben Tag noch spielte Rex alle anderen zwölf Tonleitern. Er ist also ein echtes Genie. Andere haben ihn einen Könner genannt, und man sagt auch von seiner Musik, sie wäre von Gott berührt. Deshalb habe ich ein Buch geschrieben über Rex und spreche darin vom Glauben. Denn Gott hat mir mit Rex eine wunderbare Geschichte geschenkt, die sich zu erzählen lohnt. Heute ist Rex hier und er wird für uns spielen.

Dr. Schuller: Hör mal Rex, ich bin einer der Prediger hier. Glaubst du an Gott und an Jesus?

Rex: Hallo Dr. Schuller. Aber ja, ich liebe Jesus und ich weiß, dass er auch mich liebt. Heute möchte ich für euch ein Walzer-Medley von Brahms spielen. Es sind drei Walzer von Brahms, die ich aus dem Opus 30 genommen habe. Mir gefallen sie, weil einige Teile kraftvoll sind und ein Teil sanft und leicht. Es macht Spaß, Dr. Schuller.
(Alle Menschen in der Kirche lauschten seinem Klavierspiel und waren begeistert.)

Es ist tatsächlich ein Wunder geschehen, wenn man sieht was aus diesem Kind geworden ist. Es lehrt uns, dass wir die Hoffnung niemals aufgeben dürfen.

Ein weiteres Schicksal

Dr. Schuller fragt, „Patrick, Sie kamen blind zur Welt?"
„Ja", sagt Patrick, „ich wurde ohne Augen geboren.
Die Krankheit heißt bilaterale Anophthalmie. Aus
irgendeinem unbekannten Grund entwickeln sich die
Augen während der Schwangerschaft nicht. Die
Augen, die ich jetzt habe, sind künstlich. Dazu habe
ich auch das sogenannte Pterygium Syndrom es ist
eine Verengung meiner Gelenke an den Ellbogen und
Knien, so dass ich meine Arme und Beine nicht
komplett ausstrecken kann. Ich kann sie aber
bewegen. Sie sind in einem 90 Grad Winkel gebeugt.
Weiter habe ich Congenitale Hüftdysplasie und ich
habe keine Hüftgelenksköpfe. Das ist der Grund,
warum ich mich in einem Rollstuhl fortbewegen muss.
Ich habe Skoliose. Mir wurden zwei Stahlstäbe an die
Wirbelsäule operiert, weil diese sich immer weiter
verdrehte. Sie wurde nie gerade, weil ich soviel Zeit im
Rollstuhl verbracht habe. Aber wissen Sie, damit
beschäftige ich mich nicht. Ich schaue auf meine
Fähigkeiten. Tatsächlich betrachte ich die Blindheit
mehr als eine Fähigkeit und das Sehen als eine
Behinderung. Denn es gibt manche Leute, die sehen
können und die dazu neigen, andere danach zu
beurteilen, was sie äußerlich sehen, aber ich sehe das
nicht.

Ich sehe nicht, welche Hautfarbe, Frisur oder
Kleidungsstil jemand hat. Ich sehe nur, was ein
Mensch in sich hat."

Dr. Schuller sagt zu Patricks Vater John: „Alle Eltern
beten doch, dass ihr Kind gesund zur Welt kommt.
Was haben Sie und ihre Frau gedacht und wann
haben Sie erfahren, dass Ihr Sohn nicht der gesunde
Junge sein würde, den Sie erwartet haben?" „Nun,

erfahren haben wir es im Kreißsaal am Abend der Geburt. Meine Frau hatte eine vorbildliche Schwangerschaft und eine großartige Geburtsvorbereitung. Wir haben immer erwartet, dass die Ärzte uns sagen: Sie sind die stolzen Eltern eines gesunden kleinen Jungen. Aber diese Worte kamen nie. Die Stunden und Tage gingen vorüber und wir erfuhren nach und nach von all den Dingen. Alle Ärzte erzählten uns, was Patrick nicht kann und auch nie können wird. Es war alles ziemlich niederschmetternd bei seiner Geburt. Aber wir gingen an die Arbeit und zogen unseren Sohn groß. Sicher, wir haben einige Wochen im Selbstmitleid gebadet, aber dann sagten wir: Das ist der Sohn, den wir haben und wir lieben unser Baby und wir werden die besten Eltern für ihn sein, die wir sein können. Und mit Gottes Hilfe und harter Arbeit, werden wir Patrick ein genau so erfülltes Leben bieten, wie wir das geplant hatten, bevor er auf die Welt kam, so wie er jetzt ist. Und die Investition der Liebe hat sich ausbezahlt, wenn sie so wollen. Ich meine das nicht finanziell, sondern einfach die Liebe, die er uns zurückgegeben hat. Und nicht nur uns, sondern der Welt und vielen Tausenden von Fremden, deren Leben er berührt hat, die uns geschrieben und die uns angerufen haben und über Patrick gesprochen haben."

Dr. Schuller wollte wissen: „Patrick, gab es nie einen Punkt, an dem Sie aufgeben wollten?" „Absolut nie. Es gibt solche Tage, wo ein Hindernis zu groß scheint und ich will vielleicht nicht aufstehen und zum Unterricht gehen oder zur Probe der Marschkapelle. Aber immer, wenn so ein Tag kommt, erinnere ich mich selbst daran, dass ich es hinbekommen muss. Und alles wird am Ende gut." „Wie machen sie das mit der Marschkapelle? Sie sind im Rollstuhl. Wer schiebt sie?" „Mein Vater schiebt den Rollstuhl durch die

Formation und ich übe die Musik." „Soweit ich weiß, hatte Ihr Vater einen ganz besonderen Traum für Sie, erzählen Sie mir davon." Darauf antwortet Patricks Vater: „Patrick ist der älteste meiner drei Söhne und ich träumte als junger Mann davon, dass ich mit allen meinen Jungs, wenn sie je geboren wären, durch den Sport eine starke Bindung aufbauen könnte. Ich war und bin immer noch ein großer Sportfan. Aber Patrick wurde geboren und alles veränderte sich auf der Stelle, viele meiner Pläne waren nicht mehr realisierbar. Meine Frau und ich redeten bei Patricks Geburt darüber, die ein großes Fest hätte sein sollen. Aber dann begruben wir eine Menge Träume, die wir für unseren Sohn hatten. Einer der Träume, den ich aufgab, war, dass mein Sohn eines Tages ein Star auf dem Football-Feld einer großen Universität sein würde. Aber Gott führte. Gott entschloss, dass er den Traum in einer Weise verwirklichen wollte, wie ich es mir nie vorstellen oder ausmalen hätte können. Patrick wurde zum Star der University of Louisville auf dem Football Feld als Mitglied der Marschkapelle. Und das zeigt einmal mehr, egal, was Ihre Träume und Ziele auch sein mögen, Gott hat Möglichkeiten, die Dinge wahr werden zu lassen, die Sie sich vorher nicht hatten vorstellen können. Und er hat mich definitiv gelehrt, nie meine Ideale oder Träume oder irgendetwas auf das ich hoffe, aufzugeben. Weder für mein Leben, noch für das meines Sohnes."

Dr. Schuller zu Patrick: „Sie haben so viel erreicht. Welche Rolle hat der Glaube dabei gespielt, dass Sie alles sind, was Sie sein können?" „Der Glaube spielte die Hauptrolle in meinem Leben. Wann immer ein Hindernis für mich zu hoch wird, kann ich zu Gott kommen im Gebet und er hilft mir. Ich danke Gott, dass er immer für mich da ist, mich leitet und schützt. Mein Leben und mein Dasein haben einen Sinn und das möchte ich auch anderen Menschen, die behindert sind, vermitteln. Gott liebt euch, nehmt seine Liebe an und lasst euch führen!"

Solche Schicksale sollten uns alle nachdenklich machen. Oft glauben wir Menschen, wir wurden von Gott in unserem Leben furchtbar gestraft. Wir haben vielleicht kein glückliches Familienleben. Wir sind nicht reich, wie andere, müssen immer mit jedem Pfennig rechnen. Aber jeder der reich und krank ist, möchte gerne mit Ihnen tauschen. Menschen schätzen gar nicht, wie wertvoll ihre Gesundheit ist, bis sie diese einmal verloren haben. Das Wichtigste ist der Reichtum, den Sie in Ihrer Seele tragen. Den kann Ihnen niemand nehmen. Nicht zu vergessen ist die unendliche Liebe, die Sie aus dem Jenseits tagtäglich umgibt. Wenn Sie sich damit beschäftigen, können Sie diese unendliche Liebe spüren. Hadern Sie nicht mit Ihrem Schicksal, denn Sie haben sich diese Problemfamilie, dieses karge Leben bereits im Jenseits ausgesucht. Manche denken, „ich passe doch gar nicht zu den anderen aus meiner Familie." Sie wollten aber etwas bewirken bei diesen Menschen, als Sie sich genau diese Chaoten im Jenseits ausgesucht hatten. Es hat einen Grund, warum Sie zusammen sind. Sie sollen Licht und Liebe in deren Leben bringen. Sie sollen dieser Familie helfen, bessere Menschen zu werden. Gott wird Ihnen die Kraft geben.

Mein Besuch bei dem Medium Doris Forster

Wie alle Menschen, denen Dinge passieren, die man mit dem Verstand nicht erfassen kann, suche auch ich die Bestätigung bei Menschen, die mit den gleichen Dingen behaftet sind. Deshalb mache ich von Zeit zu Zeit einen Termin bei einem Medium, um mir die Bestätigung geben zu lassen, dass all das, was ich erlebe, der Realität entspricht. Auch ich bin nur ein Mensch, der wie viele andere auch manchmal von Zweifeln geplagt wird. Außerdem hat mich die Krankheit meiner Mama seelisch sehr mitgenommen.

Heute berichte ich Ihnen, was die Jenseitigen bei meinem Besuch bei Doris Forster am 6. September 2008 sagten. Die Worte wurden nicht verändert.

Hier ist eine Frau, jetzt sagt sie, für sie kam das physische Ende sehr plötzlich, man hat zwar damit gerechnet aber doch immer wieder gehofft, dass sie noch länger hier bleiben darf. So beschreibt sie mir das jetzt. Sie hegt ein starkes mütterliches Gefühl für sie, ist es ihre Mutter oder ihre Großmutter?

Sie ist meine Großmutter, sagte ich.

Aber es musste ein sehr enges Verhältnis zwischen ihnen beiden sein.

Ich sagte ja, meine Großmutter hat mich großgezogen. Meine Großmutter war wie eine Mutter für mich.

Sie ist hier, aber wie sie mir sagt, wollte sie auch nicht gehen. Sie wollte nicht von ihnen allen weg. Sie sagt mir auch, am liebsten möchte die Oma sie vor allem schützen. Bereits als sie jünger waren, hat sie immer versucht, sie zu warnen. Pass auf und sei vorsichtig, du bist doch mein Engelchen. Ihre Oma ist eine weise Seele. Sie kann ihnen sehr viel liebevolle Energie schicken und auch Kraft geben, aber nicht ihr Leben für sie leben. Sie müssen zwar manchmal sehen, wie und wo wir hinfallen, aber sie geben uns auch wieder die Kraft um aufzustehen. Sie können uns aber nicht davor bewahren, denn das sind Lebenserfahrungen. Sie tut aber ihr Allerbestes, das soll ich ihnen sagen. Sie spricht jetzt einen Satz, ich versuche diesen weiterzugeben und zwar sagt sie, so gerne hätte sie sich vor ihrem Tod noch gerne mit jemandem ausgesprochen. Es sind nicht sie, es muss irgendjemand aus der Familie sein. Ich glaube ihr beide, ihr brauchtet euch nicht auszusprechen. Aber da ist noch jemand anderes, da hätte sie noch gerne die Gelegenheit zu einem Gespräch gehabt. Leider kam es nicht mehr dazu. Aber es gehören ja auch zwei dazu. Die andere Person hätte vielleicht nicht mitgespielt. Aber sie sagt, ich bete! Ich bete jeden Tag für dich mein Kind! Ihre Oma war sehr gläubig und das ist sie heute noch. Das wollte sie unbedingt durchbringen und das hat sie auch ein wenig beunruhigt als sie hinüberkam, dass es da noch etwas Unausgesprochenes gab. Aber sie hat es akzeptiert. Sie sagt, manche Dinge müssen wir einfach akzeptieren. Es gibt Dinge, die können wir einfach nicht ändern. Man kann noch so bereit sein, eine Brücke für jemanden zu bauen, wenn der andere nicht bereit ist, kann man nichts machen. Sie zeigt mir nun einen wunderbaren, strahlend blauen Umhang, den legt sie jetzt gerade um sie herum. Es ist ein Schutzmantel. Du stehst unter dem Schutz des Herrn, sagt ihre Oma. Dir kann niemand etwas anhaben, *alles prallt ab. Sie wird ihren Grund haben das sie das sagt.*

Sie sind doch selbst sehr intuitiv! Ich gehe noch weiter! Ich schaue in ihre Augen, sie sind medial, sie bekommen auch Dinge direkt selbst, dass stimmt doch. Aber wir Menschen, wir wollen es halt auch mal von anderen bestätigt haben. Es ist kein Wunsch-denken bei ihnen, es ist keine Einbildung bei ihnen, es ist real. Handeln Sie danach. Was ich heute tue, ich gebe ihnen nur eine Bestätigung.

War ihr Großvater mal beim Militär? Ja, sagte ich, Doris sagt, denn ich sehe jetzt Soldaten marschieren. Sie singen und marschieren und da kommt auch sehr viel Schwung mit. *Ganz viel Energie. Heute ist es meine Aufgabe, ganz viel positive Energie zu übermitteln, aber das kann ich nicht alleine, es ist die Energie der Jenseitigen. Heute sind ihre Großmutter und ihr Großvater da, aber Sie kennen auch noch jüngere Menschen in der geistigen Welt.*

Ein junger Mann, er ist ganz plötzlich verstorben. Es liegt auch wie ein Stein auf ihrem Herzen. Es ist ein junger Mann, er steht hier neben mir, ich bin nicht tot und das weißt du auch. Es herrscht Trennungsschmerz, aber wir sehen alle unsere Lieben wieder. Manche müssen halt früher gehen und wir fragen uns immer wieder warum. Es ist ja keine Strafe oder so etwas, wir haben eben eine andere Aufgabe zu erfüllen als sie. Aber das als Mensch zu kapieren, ist nicht so leicht. Um ehrlich zu sein, wir hätten sie lieber hier. Da brauchen wir uns alle nichts vorzumachen. Dieser junge Mann, der neben mir steht, ist sehr verschmitzt, er hatte immer sehr viel Humor. Er versucht jetzt, irgendwie einen Witz daraus zu machen. Er versucht auch cool zu bleiben. Das war nun sein Wort, nicht meines. Sie haben wirklich phantastische Wesen um sich herum. Der Trennungsschmerz, das was wir Trauer nennen, ist ein Teil des Lebens. Das kann einem kein Mensch der Welt wegnehmen. Da müssen wir alle alleine durch. Die Menschen, welche die Beweise haben, das Leben geht nach dem Tod weiter, diese Menschen kommen etwas leichter darüber hinweg. Es ist zwar eine Trennung, aber es ist nicht für immer, sondern nur eine Trennung auf Zeit und das wissen wir. Bei den Menschen, die an nichts glauben, für die ist die Trennung ja endgültig.

Doris Forster sagte, schon als Kind habe ich gewusst, das Leben geht weiter. Der erste der in meiner Familie starb, war mein Opa. Keiner konnte verstehen, warum ich nicht traurig war und noch singen konnte. Aber ich sagte zu allen, dem Opa geht es jetzt doch so gut. Warum sollte ich denn da weinen? Ich konnte einfach nicht weinen. Auch bei Schulkameraden, die tödlich verunglückt waren, konnte ich an den Gräbern nicht weinen, denn ich wusste es besser. Sie waren ja nicht tot. Aber niemand hat mich damals verstanden. Ich war in ihren Augen unnormal.

Sie können, wenn sie möchten vielen Menschen helfen, Sie haben es auch schon gemacht.

Ich hoffe es, sagte ich.

Sie haben es, sagte Doris Forster. Sie werden es auch weiterhin tun. Sie haben viel mehr Verständnis für Menschen in Trauer als der Durchschnittsmensch. Es ist ein Unterschied, ob man die Menschen versteht und ihnen etwas über das Thema erklären kann, da fühlen sich die Menschen besser. Sie fühlen sich bei ihnen gut aufgehoben, aus dem einfachen Grund, weil

Sie ihnen zuhören und die Menschen verstehen. Sie machen nicht nur Geräusche des Mitgefühls, nein, Sie meinen es auch so. Sie wollen helfen. Das ist ihre Aufgabe. Und das ist der Unterschied.

Wir hatten ja hier den verschmitzten jungen Mann, aber hier ist noch einer. Er hat einen ganz anderen Charakter. Er hat sich immer Gedanken und Sorgen gemacht. Er war übervorsichtig, das ganze Gegenteil von dem verschmitzten jungen Mann. Er schüttelt nun mit dem Kopf und sagt, warum bloß? Ich habe kostbare Zeit verschwendet. Ich habe mir unnütz Sorgen gemacht. Verstehen Sie das jetzt? Er ist älter, nicht alt, aber älter als der andere Mann. Als er hinüberging, hat er sich ständig Sorgen gemacht, was ist nur mit meinen Lieben los, was machen die jetzt? Er hat am Anfang eine schwere Zeit gehabt. Viele gehen ja gleich ins Licht, aber er ist nicht gleich ins Licht gegangen. Viele Leute sagen immer, das ist ein Erdgebundener. Die Erdgebundenen sind keine schlechten Seelen, sie haben lediglich Schwierigkeiten, sich von hier zu lösen, das heißt aber nicht, dass sie schlecht sind, wenn sie bei ihren Lieben bleiben wollen. Er sagt mir, Sie haben ihm sehr geholfen. Er ist jetzt drüben. Wenn er nicht drüben wäre, dann hätten Sie ihn gleich mit hereingebracht und ich hätte ihn ins Licht schicken müssen.

Ich sagte zu Doris Forster, ich konnte ihn täglich spüren, aber in letzter Zeit nicht mehr so oft.

Aber er kommt Sie trotzdem noch immer besuchen, sagt Doris, nur nicht mehr so oft, das stimmt, sagt er mir. Wissen Sie, was er jetzt macht? Er hilft anderen Seelen, die sich das Leben genommen haben und noch immer erdgebunden sind, sie ins Licht zu führen.

173

Wenn sich Menschen das Leben genommen haben, da gibt es immer dieses Schuldgefühl, weil die Zurückgebliebenen so sehr trauern und sich auch fragen, was haben wir übersehen, was haben wir falsch gemacht? Er hatte ein sehr starkes Verantwortungsgefühl, Ihr verstorbener Freund. Als ich fragte, wie Sie ihm denn geholfen haben, sagte er durch ihr Verständnis. Durch ihr Verständnis konnte er sich selbst vergeben. Er sagt jetzt noch einmal ganz vielen Dank und er lächelt sogar. Er war nicht immer so ernst.

Das konnte ich bestätigen, Franzi war ein sehr lustiger Mensch. Seine Krankheit hat ihn so traurig gemacht. Aber wenn er lacht, ist da so viel Helligkeit. Diese ist nun wieder da, sagt Doris. „Legen auch Sie ihre Traurigkeit ab, denn es geht ihm gut."

Aber nun möchte ich mal über Sie sprechen. Ihre Seele ist verwundet. Wenn Sie sich einen Arm gebrochen hätten, dann würden Sie den jetzt in Gips tragen und jeder könnte es sehen. Aber dass ihre Seele verwundet ist, das sieht keiner. Sie tun alles, was Sie tun können. Und noch etwas soll ich ihnen nun von ihrer Oma sagen, dass wir für die Gefühle und für die Handlung anderer Menschen nicht verantwortlich sind. Jeder ist für sich selbst verantwortlich. Wir können nicht die Gefühle und die Handlungen der anderen auf uns nehmen. Es ist ihre Lebensaufgabe, anderen Menschen zu helfen, aber Sie müssen nicht nur an andere, sondern auch einmal an sich denken. Sie brauchen ganz viel Selbstliebe, die Weisheit haben Sie. Ich bekomme immer Engel bei ihnen, arbeiten Sie mit Engeln? fragte Doris Forster. Ja, sagte ich. Sie antwortete: Etwas Schöneres gibt es doch gar nicht, es sind so schöne Schwingungen! Da ist eine Situation, die tut weh, Oma ist sehr diskret, da können Sie zurzeit nichts daran ändern. Und das zu akzeptieren ist hart. Aber es wird sich ändern, nur nicht zurzeit. Es wird nicht immer so bleiben. (Es geht um meine kranke Mama). *Jetzt kommt eine Tugend, die für uns Menschen sehr schwierig ist, Geduld. Sie sind selbst medial, Sie sind ein wunderbares Wesen, Sie sind eine wunderbare Seele, da wissen Sie doch selbst, es geschieht alles zur rechten Zeit. Und nun rein ins Gewühle und helfen. Ihre Seele ist wirklich glücklich, wenn Sie gespürt haben, dass Sie jemandem weiterhelfen konnten. Gottes Schutz ist da. Engel sind Botschafter, Vermittler zwischen Mensch und Gott. Und die zeigen sich immer mehr und immer mehr, es wird immer stärker. Wo viele Seelen im Dunkeln weilen, werden Sie gebraucht. Gebraucht zu werden, ist ein schönes Gefühl, auch Sie werden gebraucht, als Werkzeug Gottes. Die andere Angelegenheit, die Oma sagt, es ist eine Familienangelegenheit, da hilft nur beten, sie betet auch mit, sie sagt, es wird sich ändern, aber nicht in kürzester Zeit. Es erfordert noch Geduld, aber es wird sich genau zur richtigen Zeit ändern. Da wird jemand zur Einsicht kommen. Und die von der anderen Seite arbeiten ganz stark daran. Sie sagt, dass Schlimmste ist vorbei. Bei ihrer Mama war die Krankheit eine Lernaufgabe, diese Erfahrung musste sie machen.*

Wenn man ein Mensch ist, der voller Nächstenliebe ist, und das sind Sie, dann weiß man, dass man den anderen Menschen helfen kann. Ob das Bücher sind oder Kurse oder als Medium. Und dann sind dort Mitglieder in der eigenen Familie, die einem nahe stehen, und denen kann man nicht helfen. Aber das muss man akzeptieren. Man kann niemanden von seiner Meinung und seinem Glauben überzeugen, wenn derjenige das nicht will. Wir alle haben einen freien Willen.

Ich fragte Doris: „Haben unsere Großeltern meine Cousine und mich nach all den Jahren wieder zusammengebracht? Was ich nicht wusste, war, dass meine Cousine genau wie ich auch medial ist."

Jetzt muss ich aber lachen, sagte Doris Forster, das brauchen Sie mich doch nicht zu fragen, denn das wussten Sie doch selbst. Auch Ihre Großmutter bestätigt mir, dass Sie das wussten. Sie arbeiten doch mit den Engeln, sagte Doris, es wird nicht alles gut, sondern es ist alles gut, so wie es jetzt ist. Ich sehe ein blaues Buch, es wäre gut, wenn es noch geschrieben würde. Da geht es um Engel, Engelsprüche und Berichte. Und in diesen Berichten ist sehr viel Heilung für andere Menschen. Das ist Inspiration. Sie sitzen da und Sie fangen ganz einfach an zu schreiben. Die Engel unterstützen sie dabei, Sie haben immer die Hilfe ihrer Engel.

Gott ist perfekt. Er hat uns zwei Gaben gegeben, das Ewige Leben und den freien Willen. Er zwingt uns zu gar nichts. Der freie Wille ist absolut und geht über den Tod hinaus. Wir müssen aber mit den Konsequenzen rechnen. Ursache und Wirkung. Das ist unsere Verantwortung. Verbieten tut Gott uns gar nichts. Auch wenn es von der Geistigen Welt kommt, übernehmen wir die Verantwortung. Man kann ja sagen, die haben es mir zwar durchgegeben, aber ich gebe es nicht weiter und behalte es für mich. Lassen Sie die anderen Leute sagen, was sie wollen, so lange Sie zum Wohl der Menschen etwas tun, ist es immer richtig. Die Jenseitigen gebrauchen uns, wie sie können. Und wir sind alle anders, Gott sei Dank, wäre das nicht langweilig auf der Welt, wenn wir alle gleich wären? Trotz all der negativen Nachrichten, die wir tagein tagaus hören, ist es doch eine schöne Welt. Sonst wären wir ja nicht hier. Wir sind hier, um zu lernen. Ein Mensch, der ein Gewissen hat, der spürt, was gut und was schlecht ist für ihn und für andere. Und ich kenne nur einen guten Gott, einen Gott der Liebe und der Barmherzigkeit.

Sie arbeiten mit den Engeln und mit deren Hilfe wird doch alles gut. Bessere Helfer gibt es nicht als die Engel. Vertrauen Sie und machen Sie sich keine Sorgen mehr. Es kommt immer Hilfe von oben im richtigen Moment und zur richtigen Zeit.

Die Jenseitigen bereiten mich auf den Tod meiner Mama vor

13. Mai 2009, Sitzung bei dem Medium John Olford. Eine liebe Freundin wollte gerne zu einem Medium, um Kontakt zu ihrem verstorbenen Mann zu bekommen. Ich sagte, dass ich sie gerne begleite und dann auch gleich einen Termin bei John machen möchte. Ich habe allerdings keine Besonderheiten erwartet, mein Leben schien in Ordnung, ich war glücklich, dass es meiner Mama wieder einigermaßen gut ging. Die Kontakte zwischen mir und dem Jenseits funktionierten inzwischen sehr gut. Eigentlich brauchte ich kein Medium mehr. Was mir dann an diesem Tag von den Jenseitswelten übermittelt wurde, hatte ich zwar immer geahnt, wollte es aber nie wahrhaben. Es war so, als ob sich in meinem eigenen Leben immer ein gewisser Verdrängungsmechanismus eingeschaltet hatte. Die Seele weiß Bescheid, aber der Kopf will es nicht wissen.

An diesem 13. Mai wurden mir Dinge aus den Jenseitswelten gesagt, die ich einfach nicht hören wollte. Alle sagten mir den baldigen Tod meiner Mama voraus. Als ich an diesem Tag John Olford verließ, war ich wütend und dachte ständig, warum habt ihr mir das gesagt? Das wollte ich nicht hören! Das wollte ich nicht wissen! Ich sagte: „Ihr da drüben, ihr habt mir mit dieser Aussage so wehgetan, bitte zeigt mir ein Reh, auf dem Nachhauseweg, damit ich weiß, dass ihr mich liebt, mich tröstet und dass ich wieder ein wenig die Fassung gewinne." Ich saß im Zug und hielt mit Tränen in den Augen Ausschau nach einem Reh. Aber nichts war weit und breit zu sehen. Es war kurz vor meinem Wohnort, ich dachte schon, „jetzt muss ich bald aussteigen, noch nicht einmal ein Reh habt ihr mir gezeigt, ihr habt keine Ahnung, wie ich mich jetzt fühle!" Doch plötzlich, immer noch mit Tränen in den Augen, sah ich ein Bambi neben den Bahngleisen stehen. Ich fühlte auf einmal ein wahnsinniges Glücksgefühl in mir aufsteigen: Danke, das ihr mir zuhört und mir zum Trost dieses Bambi geschickt habt! Nun weiß ich, was zu tun ist.

Im Nachhinein habe ich mich bei den Jenseitigen für diese Aussagen bedankt. Denn ich konnte richtig von meiner Mama Abschied nehmen. Ich konnte sie verwöhnen, ich konnte mit ihr Dinge tun, die ich vielleicht niemals gemacht hätte.

Das Gespräch mit den Jenseitigen drei Wochen vor dem Tod meiner Mutter möchte ich jetzt von der Kassette abschreiben, die damals aufgenommen wurde:
John sagte, du warst ja schon öfters bei mir, aber hier ist eine ältere Frau, die ich noch nicht kenne. Sie war lange krank, musste lange liegen. Hat immer weiße, lange Strümpfe tragen müssen. Sie zeigt sich nicht im

Stehen, sie ist eine kleine, zierliche Frau. Sie ist eine sehr gepflegte Frau und es muss jemand für längere Zeit auf sie aufgepasst haben. Ich vermute sie war ein Pflegefall, als sie älter war. Ich fühle mich sehr, sehr schwach, als ob ich keine Kraft habe. Sie lächelt dich an, sie muss dich auch sehr gern haben.

Ich sagte, dass muss die Mutter meiner Mama sein, denn sie war genau wie meine Mama nach einem Schlaganfall gelähmt und lag fast zwei Jahre nur im Bett, deshalb auch die weißen Strümpfe zur Durchblutung.

Sie zeigt mir den Buchstaben A, A ist auch schon da, kannst du damit etwas anfangen?

Ich sagte, sie meint sicher meinen Onkel, der am 27. Dezember 2008 verstorben ist, er heißt Albert.

Deine Oma bedankt sich, dass du dich so gut um ihre Tochter gekümmert hast. Du hast alles für sie gemacht. Alles war für dich selbstverständlich. Es ist sehr wichtig für sie, dass es ihr gut geht. Du hast deine Mama immer schön zurecht gemacht, hast sie geschminkt ihr die Nägel gemacht und die Haare immer schön geschnitten. Das ist sehr wichtig für deine Mama, denn es ging dabei nicht um Schönheit, sondern um ihre Würde.

Ich muss es wieder sagen, diese Frau lächelt dich ständig an und hat dich offensichtlich sehr lieb. Ist es typisch für dich, dass du zu deiner kranken Mama sagst: „Mama, ich bin für dich da?" Das kann deine Oma im Jenseits wahrnehmen und das macht ihr Freude. Dass du auf ihre Tochter aufpasst. Ich soll mit dir über diese Thematik sprechen. Du wolltest auch nicht, dass deine Mama in ein Pflegeheim kommt.

Leider hatte ich keine andere Wahl, denn sie war rechtsseitig gelähmt und ich musste noch halbtags arbeiten. Ich war aber immer für meine Mama da.

Deine Mama hast du aber vor ihrer Lähmung bei dir daheim gepflegt. Sie spricht von der Art von Pflege, als sie noch bei dir zu Hause war. Das war sehr hingabevoll von dir und sie weiß, du wolltest sie bei dir zu Hause haben, denn du wolltest, dass immer jemand um deine Mama ist. Du warst dir nicht sicher, dass dies im Pflegeheim möglich ist. Du hattest Angst, man würde sie stundenlang alleine liegen lassen und das wolltest du nicht. Deine Mama hat, obwohl sie ein Pflegefall war, alles mitbekommen, sagt deine Oma. Das wolltest du deiner Mama nicht antun, dass sie da liegt und keiner zu ihr kommt. Deine Großmutter sagt, es ist sehr schön, was du für deine Mama machst, aber auch sehr außergewöhnlich. Ich fragte sie, warum machst du das? Bei dir ist es die Mutter-Tochter Liebe und du weißt, du kannst dich auf diese Liebe immer verlassen. Bei anderen Menschen bist du nicht so sicher, ob du dich auf ihre Liebe verlassen kannst, deshalb bist du sehr vorsichtig. Deshalb legst du viel Wert darauf, dass es deiner Mama gut geht, denn du weißt, bei ihr kannst du Liebe tanken. Deine Mama weiß auch, dass sie gesundheitlich nicht sehr gut dran ist, es ist ihr bewusst. Sie weiß, es wird ihr nicht gleich besser gehen und sie kommt nicht nach Hause. Die Meinung deiner Großmutter ist, dass deine Mutter besser darauf vorbereitet ist, gehen zu müssen, als du. Sie sagt, sie macht sich weniger Gedanken um ihre Tochter, als um dich und wie du damit umgehen würdest. Ich fragte sie, warum und sie sagte, emotional gesehen hast du keinen Ersatz. Sie sagt, du hast zwar einen Freund, aber er könne dich emotional nicht auffangen. Deine Katze tröstet dich überwiegend.

Sie versucht dich in dieser Sitzung emotional darauf vorzubereiten, dass deine Mama nicht mehr lange bei dir sein wird. Sie machen zwar keine Zukunftsdeutung, aber sie möchten nicht, dass es ein zu großer Schock für dich wird, wenn es passiert. Es war bereits ein großer Schock für dich, als deine Mutter ins Pflegeheim musste. Es hat dich sehr mitgenommen. Wenn deine Mutter nicht mehr am Leben ist, hast du noch Geschwister, denn sie sagt mir immer, du möchtest nicht alleine sein. Sie will dich mit der Aussage, dass deine Mama bald sterben muss nicht fertig oder traurig machen, sondern sie möchte, dass du dich langsam mit dem Gedanken vertraut machst, damit der Schock nicht zu groß sein wird.

Alle Mitglieder aus deiner Familie sind sehr gepflegt und auch sehr sauber, sagte John. Selbst wenn sie im Krankenbett liegen, möchten sie anständig aussehen. Haare, Hände, alles muss sauber sein und bei deiner Mutter ist es genau so. Du weißt auch, dass dies für deine Mama wichtig ist und du hilfst ihr dabei. Es geht um ihre Würde.

Deiner Oma geht es übrigens gut.

Jetzt kommt eine Energie, die mir bekannt vorkommt. Dieser junge Mann ist sehr lustig und er mag dich. Er feierte gerne, aber er war nur ein guter Freund von dir. Er ist sehr angenehm, kann lachen und sich freuen. Er hat mir eine Gitarre gezeigt. Ich spüre diese Herzensliebe für dich, er hat dich sehr, sehr lieb. Er möchte, dass es dir gut geht. Er zeigt sich sehr fit, ich weiß nicht, warum er im Jenseits ist.

Robert mit seiner Gitarre. Seine Tante schickte mir dieses Bild von Robert. Ich war so überrascht, als ich es sah, denn es zeigt ihn mit seiner Gitarre, genau wie die Medien ihn immer beschreiben, wenn er bei Sitzungen erscheint.

Ich sagte zu John, es muss Robert sein, der ganz jung bei einem Busunglück ums Leben gekommen ist.

Aber er kennt dich, er sagt, er konnte dich durchschauen. Du hättest eine Asiatin sein können. John fragte, warum. Er sagte, sie gibt es nicht zu, was bei ihr los ist. Wenn Marlene gut drauf ist, dann lächelt sie, wenn sie nicht gut drauf ist, dann ist sie einfach ruhig und gibt es nicht zu. Deswegen ist deine Schreibarbeit wie ein Ventil für dich. Über die Bücher kannst du das rauslassen. Die Bücher, die du über das Jenseits schreibst, diese Thematik beschäftigt dich sehr.

Ich sagte, gerade Robert steht öfters bei mir im Raum ohne etwas zu sagen und ist dann gleich weg. Er kommuniziert nie mit mir.

Er sagte zu John, wenn ich komme, dann rede ich doch. Ich soll dann sagen, er müsse lauter sprechen. Er meint aber immer, er zeigt sich mir, meldet sich bei mir und bekommt keine Rückbestätigung und glaubt, es sei mir nicht recht, dass er mit mir Kontakt aufnehmen will und geht dann gleich wieder. Er möchte mich eigentlich mit seinem Kommen nur emotional unterstützen, das ist alles. John fragte, warum und er sagte, weil er mich versteht und er weiß, wie schwer es ist, meine Gefühle zu äußern. Du befindest dich in einer Lebensphase, wo das sehr wichtig für dich wird. Jetzt lächelt er und sagt, ich stehe zur Verfügung wie ein Emotionscoach. Er möchte dich dabei unterstützen. Du wirst überrascht sein, aber es gibt sehr viele Leute in deiner Umgebung, die dich sehr, sehr gern haben, aber sie wissen nicht, wie sie es dir sagen sollen. Sie können es nicht zum Ausdruck bringen. Du vermittelst auch immer den Eindruck, ich komme zurecht, deswegen bleiben die meistens auf Distanz. Sie wollen nicht lästig oder unangenehm sein. Du vermittelst immer den Eindruck, ich habe alles im Griff, ich manage alles und deshalb lassen dich alle in Ruhe. Er sagt mir, mit deiner Schreibarbeit probierst du etwas Neues. Eine andere Vorgehensweise.

Ich bestätigte das. Es schreiben nun hauptsächlich die Leser meiner Bücher. Ich veröffentliche ihre Erlebnisberichte in meinen neuen Büchern.

Er sagt, du wolltest es einfach mal ganz anders machen, eine andere Methode. Er sagt, das kommt sehr gut an bei den Menschen. Es ist Pionierarbeit und das mögen die Menschen. Er ist nicht traurig, im Jenseits zu sein. Er nimmt es ganz locker und lacht.

Nun kommt ein Mann, er ist etwas runder, etwas älter und er lächelt dich auch an. Er muss der Lebenspartner von deiner Mutter sein, denn er spricht von deiner Mutter. Es muss eine sehr liebevolle Beziehung zwischen den beiden gewesen sein. Er sagt, er ist oft bei ihr im Moment und er meint, er wartet auf sie. Er wird sie mit einem Blumenstrauß ins Licht locken. Er ist der Meinung, dass die Musikrichtung zwischen euch nicht gestimmt hat. Er liebte klassische Musik und du immer etwas Fetziges. Die Liebe zur klassischen Musik konnte er dir nicht vermitteln.

Das weiß ich, sagte ich zu John, denn er spielte beim Saarländischen Rundfunk in einem Orchester.

Er lacht und schmunzelt darüber. Er sagt, mach dir bitte keine Sorgen um die Mama. Es wird alles gut laufen. Nun zeigt er mir ein Klippbord, das ein Arzt in der Hand hält, was man in einem Krankenhaus sieht und er sagt, dass du die Information von einem Arzt bekommen wirst, dass man für deine Mama nichts mehr tun kann, sie sei schwer krank.

Ich sagte, das kann nicht sein, denn sie ist ja im Pflegeheim und da gibt es keine Ärzte. Immer wieder suchte ich nach einer Ausrede, denn ich wollte es einfach nicht wahrhaben.

John fragte noch einmal, was es mit dem Klippbord bedeuten soll. Er sagte noch einmal, dass ihr Zustand nicht stabil ist und sie allmählich hinübergeht. Deine Mama weiß das aber bereits. Nur du willst es nicht wissen.

Das sind die Hauptthemen im Moment in deinem Leben, sagte John.

Er sagt, du hast ein Gefühl, als würdest du durch Wasser laufen und kämst einfach nicht voran. Das wird sich bald ändern. Was ist in einem Vierteljahr? (Ich sagte, da habe ich Geburtstag.) John meint aber, es sei nicht mein Geburtstag, sondern in einem Vierteljahr sei ja nicht Juli, sondern bereits August. Er meint, dann merkst du, dass es anfängt besser zu sein, aber er sagt mir nicht was. John sagt, das ist Zukunftsdeutung, das machen wir hier nicht, er aber sagte, das kann man nicht verhindern, denn es ist bereits schon unterwegs, deshalb ist es auch keine Zukunftsdeutung, das darf man dann auch erwähnen.
Du bist der Meinung, auf Engel kann man sich verlassen. Bei dir ist aber auch der Gedanke dabei, du kannst dich ausschließlich nur auf Engel verlassen. Aber es gibt auch Menschen, auf die man sich verlassen kann, sagt er. Er zeigt mir jetzt eine Szene und ich versuche es zu schildern, da ist ein See und da ist ein Berg, es ist eine sehr schöne Aussicht. Das

185

Wasser ist relativ ruhig, es ist kein Ozean. Und er sagt, das ist ein Ort, wo du dich sehr wohl fühlst.

Sofort wusste ich, es ist der Bodensee. Genau über Meersburg in Daisendorf gibt es ein Apartment, das auf einem Berg gebaut ist mit einem wunderschönen Blick auf den Bodensee.

Er sagt mir, der Ausblick gefällt dir, er zeigt mir den See und wie das Sonnenlicht sich auf dem See spiegelt und es hat auch mit dem Sonnenlicht zu tun. Du schaust dir immer gerne die Sonnenuntergänge an und er sagt, das gibt dir viel Kraft und Ruhe. Du fühlst dich da sehr wohl und geborgen. Es ist ein Ort, den du sehr gut kennst. Du kannst dort seelisch auftanken. Es ist nicht Ballermann, sondern sehr ruhig und schön. Ist in der Nähe dieses Ortes eine Burg, sagte John. Ich soll über eine Burg sprechen, damit du ganz genau weißt, welchen Ort er meint.

Es muss Meersburg sein, sagte ich, denn ich liebe dieses Örtchen und das erklärt auch die Burg, von der John reden sollte.

Er sagt, es ist wichtig, dass du diese Zeit für dich nimmst und ein wenig deiner Zeit dort verbringst, um wieder Kraft zu sammeln. Es ist sehr wichtig für dich, dass du mal etwas für dich tust und die Batterien, die bei dir sehr leer sind, wieder auftankst. Sie wollen dir sagen, sie haben dich alle ganz, ganz lieb. Warum soll ich ihr das sagen, meinte John, das weiß sie doch. Ja, aber es ist wichtig, dass sie das jetzt im Moment hört. Es ist auch denkbar, dass du dir die ganze Zeit Gedanken machst, was passiert mit mir, wenn meine Mutter nicht mehr da ist? Es ist ganz wichtig, dass du verstehst, dass dein Leben weiter geht. Aber es ist so, als ob du dich immer fragst, was wird aus mir, wenn meine Mama nicht mehr am Leben ist? Aber er sagt, es wird einfach weitergehen. Mach dir keine Sorgen darüber, denn du kannst es nicht beeinflussen. Wegen deiner Mutter musst du dir so und so keine Sorgen machen, denn wir passen sehr gut auf sie auf, wenn es so weit ist. Aber es ist so, als wenn es ein Meilenstein für dich ist. Er ist einfach zu überwinden. Wenn man es hinter sich hat, ist es gar nicht so schlimm, wie man vorher gedacht hat. Er zeigt mir einen Dominoeffekt, wenn es soweit ist, tun sich wieder andere Türen auf.

Bitte Marlene, verstehe mich nicht falsch, sagte John, ich möchte deine Mutter nicht totreden. Aber ich vermute, sie möchten dich darauf vorbereiten. Man muss altes abschließen, um wieder neue Dinge zu beginnen.

John sagte, jetzt rede ich von meiner Erfahrung. Die aus dem Jenseits wollen dich ermutigen, dass dein Leben weiter geht, mach dir einfach nicht zu viele Sorgen, wir sind auch noch da. Du sollst danach in kein schwarzes Loch fallen, es wird einfach weitergehen. Es wird geschehen, aber es ist eher positiv für dich. Dein Leben wird weitergehen.

Du hast des öfteren Jenseitskontakte. Dabei musst du uns unterstützen, denn wir wissen nie, wann und ob es dir recht ist oder nicht.

Ich sagte zu John, eigentlich möchte ich gar keine Jenseitskontakte, aber ich kann es nicht beeinflussen, diese Dinge passieren ohne mein Zutun.

Er zeigt mir etwas wie eine goldene Regendusche über dir. Er möchte, dass du weißt, was das ist, es hat mit Heilung zu tun aber auf spiritueller, seelischer

Ebene. Jetzt spricht er von einer silbernen Dusche und einer weißen Dusche, er sagt die kennst du auch. Es hat immer einen Sinn. Diese sind für verschiedene Zwecke. Wenn ich wollte, könnten sie mir auch erklären, was diese verschiedenen Strahlen bedeuten. Es muss auch sein, dass du die Farbe rosa kennst und das gefällt dir besonders gut.

Das stimmt, sagte ich.

Er sagt zu mir, du bekommst immer das, was du gerade brauchst. Mach dir keine Sorgen. Gestern war es golden, vorgestern war es rosa oder silbern, du bekommst von uns immer genau dass, was du gerade brauchst. Das muss bei den medialen Wahrnehmungen sein, wenn du diesen Lichtstrahleneffekt siehst, ist es anders, als wenn du Verstorbene siehst. Diese Lichtstrahlen haben mit Verstorbenen nichts zu tun. Es sind Hilfen aus dem Jenseits, aber nicht die Oma oder der Papa, denn es sind göttliche oder Engelenergien. Aber es muss sein, dass es in der letzten Zeit zugenommen hat. Es deutet daraufhin, dass du auf eine andere Schwingungsebene kommen wirst, sie arbeiten an dir, aber habe keine Angst, es ist etwas Positives. Wie gehst du damit um, fragte John ihn. Er sagte, ich sei neugierig und sage schön, wieder mal etwas Neues und das sei auch die beste Methode, damit umzugehen, denn dann stehst du uns nicht im Weg.

Hast du Probleme mit deinem Kniegelenk? Er spricht von deinem rechten Knie. Wird es oft sehr warm, dein Knie? Er sagt, das war die Heilwirkung dieser Energie. Du dürftest keine Schmerzen mehr in deinem rechten Knie haben. Mit deinem kranken Rücken sind wir noch am Arbeiten.

Es handelte sich um mein rechtes Bein. Ich hatte tatsächlich immer ganz schlimme Schmerzen über Jahre hinweg. Jeden zweiten Tag dachte ich, dass mein Bein mit Blei gefüllt sei und ich nahm Tabletten auf Pflanzenbasis zur besseren Durchblutung. Der Schmerz war ganz plötzlich weg und kam bis heute nicht mehr wieder. Ich habe aber auch oft gebetet, dass man mir die Schmerzen nimmt. Eines Tages sah ich ein rosa Licht, das an meinem rechten Bein andockte. Ich dachte noch, ist das komisch, so etwas habe ich ja noch nie gesehen. Es war auch ein Abend, an dem ich furchtbare Schmerzen hatte. Ich berichtete noch meiner Cousine davon, denn wem hätte ich so etwas sonst erzählen können, ohne das man mich für verrückt erklärt? Danach waren die Schmerzen für immer weg. Es gibt tatsächlich Spontanheilungen. Ich bin davon überzeugt, denn ich habe es selbst erlebt und nun hat man es mir bei John gesagt. Es war keine Einbildung von mir.

Er zeigt mir dich auf einer Seerose sitzend und diese wird von einer ganzen Gruppe aus dem Jenseits getragen. Es ist dir manchmal auch unerklärlich, wie du manchmal noch die Kurve bekommst. Das sind wir, wir kriegen das immer alles wieder hin. Du bist oft sehr, sehr krank und ganz plötzlich kommt es zu einer Spontanheilung. Du denkst oft, nun ist meine letzte Stunde gekommen, das war es nun.

Das stimmt, sagte ich, denn sehr oft hatte ich ganz schlimme Krankheiten, während denen ich dachte, dass schaffe ich nicht mehr, mein Ende ist gekommen. Und irgendwie habe ich ganz genau, wie er sagt, die Kurve wieder bekommen. Ich glaubte immer wieder an ein Wunder.

Er will sich nun verabschieden, sagte John. Ich höre
Glen-Miller-Musik im Moment. Du sagtest doch, dein
Stiefvater hat in einem Orchester gespielt. John sang
mir die Musik vor und meinte, ich weiß nicht, warum er
das singt, aber ich erkannte sofort die Musik, denn er
hatte das Stück sehr oft mit dem Orchester gespielt.
Dieses Lied muss eine Bedeutung für ihn haben,
sagte John.

Genau dieses Lied wollte ich meiner Mama an ihrer
Beerdigung von dem Organisten spielen lassen, aber
er hatte leider keine Noten davon.

Die letzten Tage mit meiner Mama

Seit dem Besuch bei John Olford und der traurigen
Sitzung hatte ich mich wieder gefangen. Das einzige,
was ich jetzt noch wollte, war meiner Mama das
Leben so schön wie möglich zu gestalten. Fast jeden
Tag, wenn das Wetter schön war, ging ich mit ihr in
die Stadt zum Eis essen, sie liebte Eiscreme. Ihr
Großvater hatte eine Eisdiele und als Kind durfte sie
immer mit ihren Geschwistern die großen Kannen
ausschlecken. Ganz früher ging ihr Großvater mit
einem kleinen Pferd und großen Eiskübeln in einem
Holzwagen durch die Straßen und verkaufte Eis. Er
hatte ein sehr gutes Herz. Immer wenn die Kinder
seine Glocke läuten hörten, kamen sie auf die Straße
gerannt um ein Eis zu kaufen. Es kamen aber auch
Kinder, die kein Geld hatten. Aber auch sie bekamen
ein Eis von ihm. Niemals hätte er an diesen Kindern
vorbeifahren können, wenn sie ihn mit ihren großen
Augen bittend anschauten. Mein Urgroßvater war ein
wunderbarer Mann. Ich lernte ihn noch persönlich
kennen.

Meine Mama blühte kurz vor ihrem Tod richtig auf. Ich blieb noch länger bei ihr als sonst. Wir gingen zusammen Spargel essen, es war eines ihrer Lieblingsessen. Ich schob sie im Rollstuhl durch die Stadt, manchmal war ich am Ende meiner Kräfte, denn der Rollstuhl war eigentlich nur ein Pflegerollstuhl und ganz schwierig zu steuern. Ständig beschwerte ich mich bei der Kasse und wollte einen anderen. Aber nichts geschah. Wir bummelten durch die Stadt, schauten uns die Geschäfte an und sie erfreute sich an der neuesten Mode. Obwohl sie die Schränke voller Kleidung hatte, las ich ihr jeden Wunsch von den Augen ab und sie signalisierte mir auch, wenn sie etwas haben wollte. Sofort kaufte ich es ihr. Es war so schön für mich, ihre Augen strahlen zu sehen. Ich schenkte ihr meinen Lieblingsring und voller Freude zeigte sie es allen Damen im Pflegeheim, die sie betreut hatten.

Am 6. Juni 2009 sollte ich von der Zeitung, für die ich arbeite, einen Bericht über das Behindertenfest schreiben. Ich war damit einverstanden und freute mich bereits darauf, meine Mama mit auf das Fest zu nehmen. So konnte sie mal wieder andere Eindrücke sammeln. Aber an diesem Tag regnete es in Strömen. Ich ging am Morgen zu meiner Mama und sagte ihr, dass ich bald wieder kommen würde, denn bei diesem Wetter könnte ich sie nicht mitnehmen, denn ich wollte es nicht riskieren, dass sie womöglich eine Lungenentzündung bekommt. Nach dem Fest brachte ich ihr einen Eierlikörkuchen und ein Kilo Kirschen mit. Sie liebte Süßes und Kirschen über alles. Sie strahlte mich an und machte einen glücklichen Eindruck. Sie sah nicht aus, wie eine Frau, die in wenigen Tagen sterben muss. Da meine Mama eine gute Klavierspielerin ist und ich ihr geliebtes Klavier leider nicht ins Pflegeheim bringen konnte, habe ich ihr noch ein Keyboard gekauft. Sie strahlte mich an, als ich es ihr am Abend vorbeibrachte. Natürlich fing sie auch gleich an, darauf zu spielen.

Ich dachte noch an die Aussage der Jenseitigen und meinte, sie müssen sich irren. Mama sieht so gesund aus und macht so einen glücklichen Eindruck, dachte ich immer wieder. Außerdem wusste ich ja, dass die Jenseitigen mit der Zeit ein Problem haben. Sicher liegt das Ende noch in weiter Zukunft.

Am 7. Juni 2009 kam ich ins Pflegeheim mit einem großen Eis, ich war mir sicher, meine Mama würde sich riesig freuen. Die Schwester sagte aber, „bitte geben Sie ihrer Mama heute nichts zu essen, denn sie hat sich übergeben müssen." Ich machte mir Gedanken, ob es irgendetwas mit den Kirschen oder dem Kuchen zu tun hatte. Aber ich hatte genau das gleiche gegessen und mir ging es gut. Ich fragte nach geeigneten Medikamenten, aber die Schwester sagte: „Ohne Anweisung des Arztes dürfen wir nichts geben. Wenn es ihr am Montag nicht besser geht, dann werden wir ihre Hausärztin anrufen." Ich sagte meiner Mama noch, dass am Montag Jaqueline aus Spanien sie besuchen kommt. Ich würde sie in der Früh am Flughafen abholen und dann gleich zu ihr kommen. Und ich hoffte, dass sie dann wieder fit für ein Eis sei.

Als ich dann am 8. Juni 2009 um 11 Uhr ins Pflegeheim kam, war ich total entsetzt. Meine Mama hat sich noch immer erbrochen und die Farbe war dunkelbraun. Von meiner Ausbildung als Heilpraktikerin wusste ich sofort, dass sie in Lebensgefahr schwebte. Ihre Zunge war bereits dunkelbraun. Sofort sprach ich die Schwester darauf an, es müsse sofort ein Arzt her. Diese sagte, sie habe schon angerufen, die Ärztin käme nach der

Sprechstunde. Ich drängte: „Es ist keine Zeit mehr, sie muss gleich kommen und meine Mama in ein Krankenhaus einweisen." Aber nichts geschah. Man hätte die Ärztin angerufen, aber sie hätte gerade einen Notfall. Nochmals machte ich die Schwester darauf aufmerksam, dass man nicht mehr warten könne. Die Ärztin kam nicht, aber sie hatte ohne meine Mutter zu sehen eine Einweisung ins Krankenhaus ausgefüllt. Scheinbar war ich überlästig und nun scheint auch die Gesundheitsreform zu greifen: Welcher Arzt rennt schon für 35 Euro pro Quartal zu einem Patienten nach Hause oder ins Pflegeheim? Dann kam sehr schnell ein Krankenwagen und die Pfleger wunderten sich nur, wieso denn kein Arzt da gewesen sei, das gibt es doch nicht! Meine Freundin, die sich so auf ein Wiedersehen mit meiner Mama gefreut hatte, war total geschockt, was sie hier erwartet hat. Sie hat sich auf einen schönen Urlaub mit meiner Mama und mir gefreut und nun so etwas.

Die Sanitäter luden meine Mama ein und ich ging mit meiner Freundin zu Fuß ins Krankenhaus. Auf dem Weg dorthin setzte sich mitten in der Stadt, wo kein Baum und kein Strauch stehen, ein Schmetterling auf meine Hand. Er blieb eine Zeitlang dort sitzen, ich beobachtete ihn und wusste nun sofort, dass meine Mama sterben muss. Er war das Zeichen für ihre Umwandlung.

Meine Mama stirbt

Für dieses letzte Kapitel in meinem Buch habe ich sehr viel Kraft benötigt. Es hat Wochen gedauert, bis ich mich wieder an den PC setzten konnte, um mein Buch zu beenden. Ich wusste von den Jenseitigen natürlich, dass meine Mama bald sterben musste, dass es aber nur drei Wochen nachdem sie mir davon berichtet hatten, sein sollte, hätte ich nicht erwartet. Ich dachte, dieses Thema würde in meinem nächsten Buch erscheinen. Aber leider war das nicht der Fall. Meine Mama kam auf die Intensivstation. Sie hatte die Augen geschlossen und atmete sehr schwer. Der Arzt kam zu mir und sagte, bitte unterschreiben Sie mir dieses Blatt, da ihre Mutter ja im Moment nicht ansprechbar ist, damit wir alle erforderlichen Untersuchungen vornehmen können. Ich blieb bei meiner Mama. Nachdem alle Untersuchungen gemacht waren, kam der Arzt zu mir mit einem Klippbord in der Hand und sagte: „Wir können nichts mehr für ihre Mutter tun, sie hat einen Darmverschluss und eine Lungenentzündung." Sofort dachte ich an den Tag bei John, als der Lebensgefährte meiner Mama sagte, er sieht einen Arzt mit einem Klippbord, der mir sagt, man könne nichts mehr für meine Mama tun. Nun wusste ich, es war ganz genau so, wie man mir vorhergesagt hat. Ich musste mich mit der Tatsache abfinden, meine geliebte Mama zu verlieren.

Abends gegen 17 Uhr machte meine Mama ganz plötzlich die Augen wieder auf. Ich schaute sie an und sagte: „Schön Mami, dass du wieder wach bist, Jaqueline ist hier, um dich zu besuchen." Aber der Blick meiner Mama ging in eine ganz andere Richtung. Ihre Augen wurden immer größer, sie beachtete uns gar nicht mehr. Sie schaute erstaunt in eine ganz andere Welt. Wir existierten nicht mehr für sie. Diesen Blick werde ich niemals vergessen. Ihre Augen waren fast durchsichtig und trotzdem strahlten sie. Ich bin mir sicher, sie sah bereits die Wesen, die mir gesagt haben, sie würden sie abholen. Als ich an diesem Abend mit meiner Freundin das Krankenhaus verließ, sagte ich: „Meine Mama wird spätestens morgen gehen, hast du ihre Augen gesehen?" Meine

Freundin sagte, „Marlene, ich möchte dir nicht wehtun, aber genau diesen Blick habe ich auch bei meiner Mama gesehen, kurz bevor sie starb."

Am nächsten Tag ging ich wieder ins Krankenhaus. Ich legte meiner Mama die Medaille der Gottesmutter auf die Brust und bat die Mutter Maria, ihr die Engel zu schicken, um die Silberschnur durchzuschneiden, damit es schneller geht und meine Mama nicht so lange leiden muss. Ich streichelte sie und sagte ihr, dass man sie abholen wird und dass man mir das vor ein paar Wochen bereits gesagt hat, sie müsse nicht traurig sein, es komme etwas ganz Schönes auf sie zu. Sie werde wieder jung und gesund sein und keine Einschränkungen mehr haben wie hier auf der Welt. Weder Lähmungen noch Sprachstörungen oder Bewegungseinschränkungen werde es auf der anderen Seite geben. Gegen 13 Uhr kam mein Lebensgefährte ins Krankenhaus und sagte: „Geh du doch mit deiner Freundin nach Hause, ich werde jetzt nach deiner Mama schauen." Um 14 Uhr wurde ich sehr nervös und rief ihn an, er soll mich doch bitte wieder abholen, denn ich wollte jetzt sofort wieder zu meiner Mama. Er sagte: „Erhole dich noch ein wenig, denn es wird sicher noch viel auf dich zukommen in den nächsten Tagen, ich bin ja bei ihr, sie ist nicht alleine." Um 15:15 Uhr kam Kater Franzi zu mir und fing an, mich zu liebkosen, er schleckte mich ab und wich nicht mehr von meiner Seite. Ich sagte noch zu meiner Freundin, „was ist nur mit der Katze los?" Um 15:25 Uhr erhielt ich einen Anruf von meinem Lebensgefährten, er sagte nur, „deine Mama hat es geschafft. Ich komme sofort und hole dich ab." Meine ersten Worte waren: „Warst du bei ihr, als sie starb?" Er sagte: „Leider hat man mich genau in ihrer Todesminute aus dem Zimmer geschickt, denn man wollte deine Mama noch einmal versorgen."

Das Schlimmste für mich war, dass meine Geburts-stunde die Todesstunde meiner Mama war und ich fand bis jetzt noch keine Erklärung dafür. Zufall? Oder hat es doch etwas zu bedeuten?

Der nächste mir unerklärliche Zufall war folgender: Meine Freundin Doro schrieb mir eine kurze Mail, sie müsse nach Saarbrücken fahren, denn ihre Patentante, die wie eine Mutter für sie war, sei schwer erkrankt. Kurz nach dem Tod meiner Mama schrieb ich ihr eine kurze Mail und erwähnte, dass meine Mama am 9. Juni 2009 verstorben sei. Kurz darauf klingelte bei mir das Telefon. Es war Doro. Sie sagte, Marlene, meine Tante ist auch am 9. Juni 2009 verstorben. Ich fragte sie, an was ihre Tante denn gestorben ist. Es war ein Darmverschluss, sagte Doro. Mir hat es die Sprache verschlagen, gibt es solche Zufälle? Auch meine Mama ist aus Saarbrücken, wir sind Freundinnen und haben auf die gleiche Art und Weise zwei Menschen am gleichen Tag mit der gleichen Krankheit aus der gleichen Stadt kommend verloren. Hatte auch das eine Bedeutung?

Natürlich bat ich ständig um ein Zeichen von meiner Mama. Ich konnte so viele Verstorbene sehen, aber warum nicht meine Mama? Dann fiel mir wieder ein, was ich den Leuten immer wieder sage, solange noch Tränen in euren Augen sind, könnt ihr nichts sehen. Auch in meinen Augen waren noch Tränen. Diese mussten erst trocknen, aber das wird noch lange dauern.

Im Krankenhaus gab man mir sozusagen das letzte Hemd meiner Mama mit. Ich steckte es in die Waschmaschine mit ein paar Handtüchern. Als ich die Sachen aus der Waschmaschine nehmen wollte, hing eine sehr lange, weiße Feder an der Türe der

Waschmaschine. War dies das erste Zeichen von meiner Mama? Nachts schaute ich mich immer im Raum um, aber nirgends konnte ich meine Mama sehen. Ich bat immer wieder um ein Zeichen. Dann, als ich wieder danach fragte, klopfte es dreimal laut am Rollladen. Es war so laut, dass ich erschrak. Konnte das mein Zeichen sein? Ich spürte am Abend, als ich im Bett lag, wie ich gestreichelt wurde. Aber war das wirklich meine Mama oder war es eine andere Seele, die mich trösten wollte? Einen Tag später, ich war im Bad, lag wieder eine große, weiße Feder vor meinen Füßen. Ich bedankte mich und war sehr glücklich darüber. Nun finde ich ständig weiße Federn.

Ihre Beerdigung war auf den 12. Juni 2009 festgelegt. Meine Mama wollte unbedingt einen weißen Sarg und diesen Wunsch wollte ich ihr erfüllen. Der Mitarbeiter des Beerdigungsinstituts schaute mich zwar verwundert an, aber ich sagte: „Es ist ihr letzter Wille und den werde ich befolgen. Egal was die Leute denken oder sagen."

Als ich dann mit dem Priester reden musste wegen der Grabrede und ihm erzählte, was für ein Mensch meine Mama war, fragte er mich: „Warum glauben Sie, wollte Ihre Mama einen weißen Sarg? Normalerweise beerdigt man nur Kinder in weißen Särgen." Ich sagte: „Sind wir denn nicht alle Kinder Gottes? War es vielleicht das, was meine Mama sagen wollte?" Genau diese Worte hat er dann bei der Grabrede wiederholt: Ein weißer Sarg, wie es für ein Kind Gottes üblich ist. Vorher gingen wir in die Kapelle am Friedhof, wo ihr Sarg und die Blumen standen. Es war ein herrlicher Anblick, dieser weiße Sarg, der überall bedeckt war mit wunderschönen weißen und roten Rosen. Meine Mama hatte also bis in den Tod ihren guten Geschmack durchgesetzt.

Was mich allerdings wieder sehr überrascht hat, war die Tatsache, dass der Sarg meiner Mama in der Leichenhalle, genau wie ihr Zimmer im Pflegeheim, die Nummer 7 hatte. Auch ihr Lebensgefährte stand 14 Jahre zuvor in Nummer 7 der Aufbahrungshalle. Die 7 ist die Zahl der Engel.

Als dann am 12. Juni 2009, am Tag der Beerdigung, bei mir daheim die letzten Gäste gegangen waren, musste ich feststellen, dass weder mein PC noch mein Telefon funktionsfähig waren. Ich glaubte an eine Störung in der Region, aber bei meinen Nachbarn war alles in bester Ordnung. Es musste durch die Anwesenheit meiner Mama passiert sein. Man weiß, wenn Verstorbene im Raum sind, kann es zu Störungen der Elektrizität kommen. Zwei Tage später war wieder alles in bester Ordnung.

Immer wieder bat ich um neue Zeichen. Und ich bekam ein Zeichen. Ich habe einen riesengroßen Gummibaum. Am Tag der Beerdigung meiner Mutter wurden alle Blätter dunkelbraun und starben ab. Ich erschrak bei seinem Anblick und musste die Blätter abschneiden. Er sah so furchtbar aus, zuerst wollte ich ihn wegwerfen. Aber ich gab ihm noch eine Chance und jetzt kamen wunderschöne junge, neue Triebe. Sollte das heißen, mein altes Leben war nicht mehr lebenswert? Aber wo ich jetzt bin, geht es mir gut? Deshalb die alten toten Blätter und jetzt die jungen, schönen, neuen Triebe?

Ein paar Tage vor dem Tod meiner Mama machte ich noch ein paar Fotos von ihr. Diese habe ich alle auf dem PC abgespeichert und kontrolliert. Ich habe keines gelöscht, denn alle waren sehr schön. Wie es so ist, schaut man sich nach dem Tod eines geliebten Menschen immer wieder seine Fotos an. Das tat auch ich. Auf einmal konnte ich sehen, dass ein Foto von meiner Mama nicht mehr so aussah wie zuvor. Sie war ganz in Nebel eingehüllt. Nun musste ich auch an das Foto von Simone denken, worüber ich in dem Buch „Erlebnisse mit Engeln und Verstorbenen" geschrieben hatte. Simone konnte sich auch nicht erklären, wieso das Bild sich nach einiger Zeit so verändert hatte. Dinge die vorher nicht sichtbar waren, konnte sie auf einmal wahrnehmen, genau wie ich. Zuerst wollte ich das Bild löschen, las aber durch Zufall in einem Buch, dass man Fotos, die man gemacht hat, später noch einmal ansehen soll, denn auf diesen können sich auch im Nachhinein noch Dinge aus der geistigen Welt verändern. Ich vermute, die Seelen waren bereits da um meine Mama abzuholen. Ich werde das Bild einfügen. Leider kann man den Nebel, den meine Mama umgibt, auf diesem Schwarzweißfoto nicht so gut sehen, wie in Farbe. Aber für mich ist es ein Phänomen.

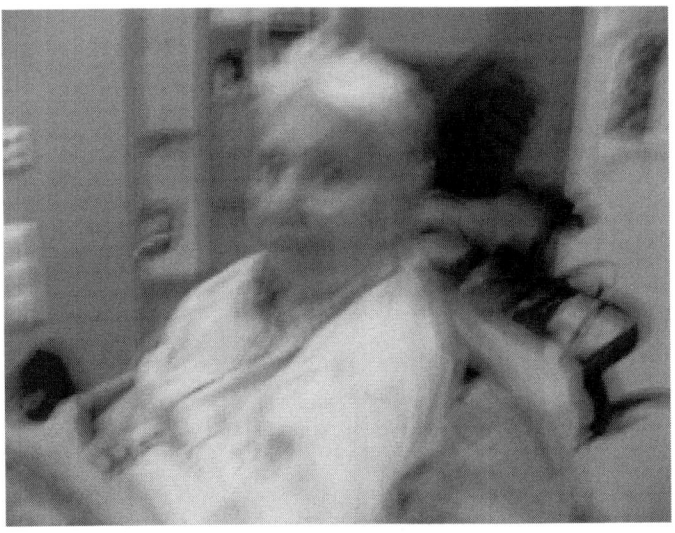

Das Foto war vorher nicht verschwommen.

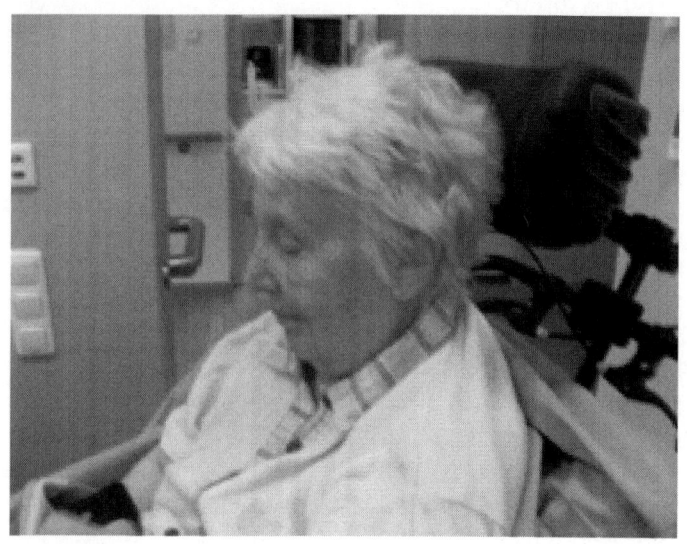

Meine Mama 81 Jahre alt, kurz vor ihrem Tod.

Meine Cousine, die mit Engeln channelt, rief mich an und sagte: „Marlene, ich habe eine wunderbare Nachricht für dich. Am Todestag deiner Mama stand ein Reh in meinem Garten. Am Tag ihrer Beerdigung standen zwei Rehe in meinem Garten. Das kommt normalerweise nicht sehr oft vor, dass Rehe in meinem Garten stehen. Ich bekam die Eingabe, dir zu sagen, dass es deiner Mama gut geht. Sie ist gut drüben angekommen, mach dir keine Sorgen, spätestens in sechs Monaten wirst du Kontakt zu ihr haben und mit ihr reden können."

Stand das erste Reh für meine Mama alleine und dann die zwei Rehe für die Vereinigung meiner Mama mit ihrem Lebensgefährten? Sollte es heißen, nun sind wir wieder vereint?

Rita schrieb:

Du schreibst, dass du vor drei Wochen schon eine Nachricht erhalten hast, die dir sagte, dass deine Mama nun bald die Erde verlassen wird. Das ist sehr, sehr schön. So war es dir möglich, dich darauf einzustellen. Aber es ist dennoch schwer, wenn man einen geliebten Menschen gehen lassen muss. All die Zeichen, die du erhalten hast, der Schmetterling, die weißen Federn, der Gummibaum, das Streicheln an deinem Arm, das Klopfen an den Rollläden, sowie die Rehe im Garten deiner Cousine, all dies schickte dir der Himmel. Das was du erlebst und das, was ich erlebte, wenn sich Angehörige von mir verabschiedeten, war eine Gnade, die uns der himmlische Vater schenkt. Kein Mensch aus dem Jenseits kann sich von alleine bei uns melden. Sie können es nicht aus sich heraus. Wenn es aber geschieht, dann ist es der Wille unseres himmlischen Vaters, Gott erlaubt es. Warum? Vielleicht, weil die Menschen zu wenig an IHN denken. So bestimmt ER Menschen, die IHM helfen und ihre Erlebnisse dann anderen mitteilen. Viele kommen durch das Lesen solcher Berichte zum Nachdenken und vielleicht auch zum Glauben an GOTT zurück. Deine Mama liebt dich und unser himmlischer Vater ließ es zu, da ER um deinen Schmerz weiß, dass deine Mama sich bei dir meldet. Nur dies sollte für dich wichtig sein. Alles andere ist nicht von Belang. Weißt du, woran ich immer denke, wenn es mir mal nicht so gut geht? Meine Gedanken wandern dann immer zu meinen lieben Angehörigen, die sich bei mir verabschiedet haben. Auch wenn ich an das Antlitz von unserem Heiland denke, das ich im Fernsehen 2005 bei der Vigil sah. Dies sind Tatsachen, die ich erlebte und dies gibt mir meinen inneren Frieden wieder zurück. Ich fühle mich dann ganz einfach wohl und geborgen. Diese Geborgenheit kann mir kein Mensch auf der großen, weiten Welt geben. Auch du, liebe Marlene, erinnere dich, an all das Schöne, was dir der Himmel geschickt hat und so, wie du schreibst, auch heute noch schickt.

Letzten Donnerstag, am 2. Juli 2009, ist mir folgendes passiert: Es war am Abend, ich ging nach oben und wollte mich ins Bett legen und ein wenig lesen. Ich lag also im Bett, hatte ein Buch in der Hand, hatte aber noch nicht angefangen zu lesen. Mein Blick ging geradeaus zum Kleiderschrank. Zwischen dem Kleiderschrank und meinem Bett ist ungefähr ein Meter Platz. Ich sah ganz plötzlich eine Frau dort sitzen. Sie machte einen jungen Eindruck, ich schätzte sie auf 25 bis 35 Jahre. Ihr Haar war kurz und dunkel. Ihre Gesichtsfarbe hell, sie trug eine hellblaue Bluse mit ganz zarten weißen Streifen, die Ärmel der Bluse waren lang. Sie saß so, dass ich ihren rechten Arm sehen konnte. Sie saß seitlich und hatte den Kopf in meine Richtung gedreht. Es war alles sehr blass und nur für einen ganz kurzen Augenblick zu sehen. Ich dachte, ich spinne, denn dies war alles neu für mich. Außer den Kopf meines Großvaters auf den Kacheln in der Toilette im Krankenhaus und das Bildnis von Jesus im Fernsehen habe ich so etwas noch nie erlebt. Ich überlegte, wer die Frau war. Die einzige Möglichkeit ist, dass es meine Mutter war. Als junge Frau trug sie die Haare, wie damals üblich, leicht gewellt und kurz, ihre Haarfarbe war immer dunkelbraun, ihre Gesichtsfarbe hell, eine hellblaue Bluse besaß meine Mutter auch. Liebe Marlene, ich weiß nicht, wer es sonst gewesen sein sollte. Meine Mutter lebt, aber sie ist nicht gesund, sie hat Leukämie und andere Erkrankungen und wird jetzt im August 88 Jahre alt. Sie sehnt sich nach dem Tod und sagt jeden Abend: „Lieber Gott, lass mich Morgen nicht mehr wach werden!" Hinzu

kommt, dass Tage vor diesem Donnerstag folgendes geschah: Ich wollte gerade das Gartentor öffnen, als ich eine Stimme hörte, direkt in meinem Ohr. Es war nur ein Wort: „Hallo". Dies kam aber nicht von meiner Mutter. Ich schaute nach, ob andere Leute in der Nähe waren. Dies war aber nicht der Fall. Gerne würde ich von dir erfahren, was du dazu sagst.
Eine ganz liebevolle Umarmung sendet dir Rita Bialkiewicz-Bote

Meine Antwort an Rita:
Wir sind ja immer mit der geistigen Welt verbunden und können auch ihre Stimmen hören, besonders, wenn sich unsere Schwingung erhöht hat. Auch ich erlebe diese Dinge und ich bin sehr froh, wenn es anderen Menschen auch passiert. Ich vermute, dass es deine Großmutter war, die sich dir gezeigt hat. Sie machen die Angehörigen so darauf aufmerksam, dass ein lieber Angehöriger bald gehen muss. Bei mir war es auch die Mutter meiner Mama, die mir sagte, dass ich mich bald von ihrer Tochter trennen muss. Sicher hat sich deine Großmutter so gezeigt, wie sie früher aussah. Das machen viele Jenseitige so. Sie möchten nicht alt und krank aussehen und den Angehörigen einen Schrecken einjagen.

Ich kann nach allem, was mir immer wieder mit den Jenseitswelten passiert und was die vielen Menschen die mir schreiben erleben, nur allen Lebenden sagen: „Seid nicht traurig, eure Verstorbenen leben auf der anderen Seite weiter!" Sie begleiten euch weiterhin durchs Leben, wenn sie auch für viele von euch unsichtbar sind. Redet mit ihnen, sie hören euch, schenkt ihnen Blumen, sie sehen es. Behaltet sie immer im Herzen, sie spüren es. Habt sie in euren Gedanken, sie wissen es. Vergesst sie niemals, genau wie sie euch nie vergessen werden. Die

Familienbande sind so stark, auch der Tod lässt sie nicht zerreißen.

Heute bedanke ich mich auch bei den Jenseitigen, dass sie mir sagten, dass ich meine Mama bald verlieren würde. Dies gab mir die Möglichkeit mich in Liebe von ihr zu verabschieden und ich hatte dadurch das Glück, dass ich die letzten Wochen mit ihr noch ganz liebevoll gestalten konnte.
Ich will euch sagen, dass ich euch von ganzem Herzen liebe und meine Gedanken immer bei euch sind.

Zum Schluss noch ein Foto über ein Thema das ich vielleicht in einem anderen Buch erwähnen werde. Es geht dabei um Orbs. Es sind Lichtkugeln, die man auf Bildern sehen kann. Am Anfang glaubt man die Fotos sind nichts geworden. Aber was sagt man, wenn die Bilder sehr gut waren und sich die Lichtkugeln erst im Nachhinein entwickelt haben? Es sind „Orbs" – Lichtwesen, Engel oder liebe Verstorbene, die immer um uns sind. Hauptsächlich wie unten auf dem Foto im Zirkus. Da befinden sich viele Engelwesen, welche die Kinder und Tiere beschützen. Ich darf mich glücklich schätzen, dass ich diese Fotos an Sie weitergeben darf. Für mich war es ein Geschenk des Himmels. Ich werde Ihnen im nächsten Buch darüber berichten. Aber bitte, entsorgen Sie solche Bilder nicht, denn sie bedeuten etwas Großartiges.

Kinderzirkus in Altusried 2009

Was will der Mensch doch alles haben, sich in Geld und Sonne laben. Doch das Wichtigste im Leben, kann auch alles Geld der Welt nicht geben. Unsere Gesundheit und die Liebe sind das größte Glück der Welt. Und jeder ist arm, dem es an Liebe und Gesundheit fehlt.

Wer an Gott und an die Liebe denkt, jeden Tag den Menschen ein Lächeln schenkt. Dieser Mensch ist reicher als ein Millionär und sein Leben ist nur halb so schwer.

Marlene Toussaint

Ich möchte Sie, liebe Leser noch einmal darum bitten, mich bei meinem nächsten Buch mit Ihren Erlebnissen zu unterstützen. Bitte senden Sie diese an: info@mato-verlag.de

Inhaltsverzeichnis:

Sterbehilfe ja oder nein? 6

Menschen in Pflegeheimen 35

Phänomene 37

Leserbriefe 41

Es gibt immer wieder Wunder 132

Das Jenseits ist kein Ort zum Schlafen 138

Kinder haben keine Angst vor dem Tod 152

Ein Mann spricht mit seiner verstorbenen
Frau 158

Ein behindertes Wunderkind 161

Ein weiteres Schicksal 165

Mein Besuch bei dem Medium Doris
Forster 169

Die Jenseitigen bereiten mich auf den
Tod meiner Mama vor 177

Die letzten Tage mit meiner Mama 190

Meine Mama stirbt 193

Bücher, die im Mato-Verlag erschienen sind:

Südafrika schön und preiswert
ISBN 978-3-927003-23-1, Euro 15.-

Namibia schön und preiswert mit Kapstadt, Wein- und
Gartenroute
ISBN 978-3-927003-29-3, Euro 15.-

Arbeitslosigkeit, Glück oder Unglück?
ISBN 978-3-936795-93-6, Euro 7,50

Schönheitsoperationen:
Vom hässlichen Entchen zum schönen Schwan
ISBN 978-3-936795-96-7, Euro 11,90

Piloten küsst man nicht! Roman
ISBN 978-3-936795-99-8, Euro 12,90

Engel und die Verstorbenen sind unter uns
ISBN 978-3-936795-98-1, Euro 12,90

Phänomene und Kraft aus dem Jenseits
ISBN 978-3-936795-92-9, Euro 12,90

Engel und die Jenseitigen lieben uns
ISBN 978-3-936795-91-2, Euro 12,90

Angels and deceased loved ones are always with us
ISBN 978-3-936795-59-2, Euro 14,90

Erlebnisse mit Engeln und Verstorbenen
ISBN 978-3-936795-58-5, Euro 12,90

Das Jenseits ist kein Ort zum Schlafen
ISBN 978-3-936795-56-1, Euro 12,90

Meine Mama lebt!
ISBN 978-3-936795-60-8, Euro 12,90

Mato-Verlag
Marlene Toussaint
Telefon/Fax: 08331- 49 44 45

Copyright by Marlene Toussaint

Buchcover:
Wolkenengel, gemalt von Alfred Weinand.
Herr Weinand malt auch Bilder auf Bestellung,
www.impression-in-oel.de

Umschlaggestaltung: Benedict Bauer

Layout: Andreas Lahey
www.engelbilder.de

Lektorat: Helene Power - Englert
www.schreibjournal.de

Druck und Bindung:
FORMAT Druckerei & Verlagsgesellschaft mbH, Jena
4. Auflage 2016

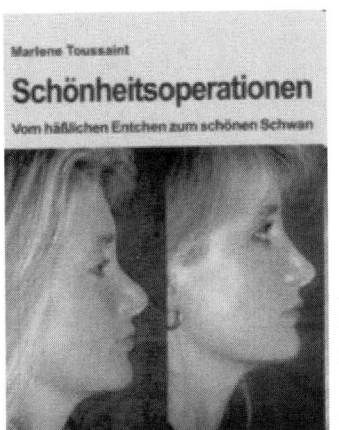

Marlene Toussaint

Schönheitsoperationen

Vom häßlichen Entchen zum schönen Schwan

Schicksale, Operationsmethoden,
Adressen der Ärzte, Preise

REISEFÜHRER

Namibia

schön und preiswert
mit Kapstadt,
Wein- und Gartenroute

Besuchen Sie doch auch
einmal

www.ednas-engelwelt.de

www.engel-bücher.de